監修者――木村靖二／岸本美緒／小松久男／佐藤次高

［カバー表写真］
大統領宮殿前で演説するスカルノ
（1949年）

［カバー裏写真］
インド旅行中のスカルノとファトマワティ
（1950年）

［扉写真］
アジア・アフリカ会議で開会を宣言するスカルノ
（1955年）

世界史リブレット人92

スカルノ

インドネシアの民族形成と国家建設

Suzuki Tsuneyuki
鈴木恒之

目次

蘇るスカルノ

スカルノの廟は東ジャワの小都市ブリタルにある。その黒大理石の墓石には、「ここにインドネシア共和国独立の宣言者にして初代大統領ブン・カルノ▲が埋葬されている。一九〇一年六月六日生誕、一九七〇年六月二十一日逝去。人民の代弁者。」という文言が九行に分けて刻まれている。スカルノは六七年にはスハルト▲にすべての権力を奪われ、その後自宅軟禁下におかれたままなくなった。その葬儀は国葬であったが、まるで死者への追慕を妨げるかのように急いでおこなわれた。スカルノは生前ボゴールの地に葬られることを望んでいたが、スハルトはそこが首都ジャカルタに近く、その墓が反政府派の拠り所となるのを恐れて、遠いブリタルに埋葬したとされている。

▼ブン・カルノ　「ブン」(兄さん、同志などの意)とスカルノの「カルノ」とをあわせた親しみと敬意のこもった呼び名。彼もこれを好み、国民も彼をこの名で呼ぶのが一般的だった。

▼スハルト(一九二一～二〇〇八)　インドネシア共和国第二代大統領(在任一九六八～九八)。中ジャワ出身。一九六五年の九月三十日事件を機に陸軍の実権を握り、スカルノを追い落とし、六七年に大統領代行、翌年大統領となった。スカルノ体制を旧秩序と否定し、自らを新秩序体制として経済開発を謳い、軍と官僚機構を基盤に強権支配を進めた。九八年金融・通貨危機を契機とする民主化要求運動により辞任に追い込まれた。

スカルノの廟

当初、墓はイスラーム式のごく素朴なもので、墓に一本の大きな笠が差しかけられていたことだけがほかとは異なっていた。しかし、一九七八年にスハルト政府は一転して、東ジャワ様式の豪壮な建物におおわれ、前述の墓石を備えた廟の建設を始め、翌年完成させた。それまで、スハルトはスカルノの評価をおとしめ、まだ残る彼の影響力を封じようとしてきた。ところが、この時期スハルト政権批判と裏返しにスカルノ人気が高まり、この戦略に実りないことが判明すると、スハルトは彼の功績を一部容認することでスカルノの人気を自分に取り込もうとしたのである。この策は一九八〇年、独立宣言の地(かつてのスカルノ邸前)にスカルノ・ハッタ像の設置、八五年、両者の名を冠した空港開設、八六年、両名の「独立宣言者」としての国家英雄認定へと続いた。ただし、容認されたのは、いずれも独立宣言に関することのみで、ほかの事績は無視され、その独立宣言すらもハッタ▲と功を分かつものとされた。

だが、このスハルトの努力もスカルノの人気回復、反面におけるスハルトの不人気をとめることはできなかった。埋葬直後から体制への不満者を引きつけていた彼の墓は、廟開設を機にいっきょに墓参者をふやし、一九八〇年から翌

▼モハマッド・ハッタ(一九〇二〜八〇)　元副大統領(在任一九四五〜五六)。西スマトラのミナンカバウ地方出身。一九二〇年代のオランダ留学中に、インドネシア協会などに拠り民族主義運動を指導。国際反帝・反戦運動にもかかわる。帰国後、民族主義指導者、政治家として活躍した。

▼**メガワティ・スカルノプトリ**（一九四七〜　）　インドネシア共和国第五代大統領（在任二〇〇一〜〇四）。スカルノの長女。一九八六年に民主党の議員候補として政界入りし、九三年に民主党の党首に選出され、反スハルト運動を強化した。スハルト後継のハビビ政権後、組織再編した闘争民主党を率い第四代大統領の座をアブドゥルラフマン・ワヒドと争って敗れ、副大統領となる。二〇〇一年のワヒドの罷免で大統領となるが、〇四年の大統領選で敗北。写真は二〇〇〇年の独立記念式に臨む正副大統領ワヒドとメガワティ。

年までの一年間で一四五万人を数えた。廟にいたる参道には彼の肖像をプリントしたポスターやTシャツを売る露店がひしめいた。八〇年代をつうじスカルノ人気は高まり続け、彼のイメージは反スハルト体制の象徴となっていった。一九八六年にスカルノの長女メガワティ▲が野党インドネシア民主党に加わると、翌年の同党の総選挙キャンペーンには、多くの支持者が彼女の父の肖像を掲げて集まった。彼らは反スハルトの象徴としてスカルノとメガワティとを一体化させたのである。こののちメガワティがスハルト体制にいどみ、九八年五月のスハルト退陣後、民主化改革のなかでインドネシア共和国第五代大統領にまでのぼれた要因は、こうした支持勢力の拡大にあった。

たしかに、カリスマ性に満ち、長大で劇的な演説により大衆を高揚させ、その参加を促したスカルノの政治を称賛し、懐かしむ者は新秩序体制下でも絶えなかった。だが、集会でスカルノの肖像を掲げた者の多くはスカルノ時代を直接体験していない青年たちであった。新秩序下の締めつけに不満な若い学生・知識人らは、大衆的な運動組織の厳しい制限のもとでは、この体制に対抗できる新たな象徴的存在を中心にした力の結集が必要だと考えた。彼らはそれを、かつてスハルトにより権力の座を奪われ、そのカリスマ性で知られた過去のスカルノに見出した。皮肉なことに、新秩序政府が歴史上はたしたスカルノの役割を故意に隠蔽しようとしたことで、逆に彼の負の側面にはふれないで、彼自身や家族の利益、蓄財のために地位を用いたりすることなく、全力をもって人民のためにつくしたことなどを強調するスカルノ「神話」を、とくに若い世代に広める結果になった。

スハルトには、腐敗・冷淡・私的な富への執着などの言葉がつきまとうのにたいし、スカルノの場合は、公正・高揚・相対的な貧しさが強調された。前者の体制の特徴は大衆の政治的排除・権威主義・保守主義などとされ、後者は大衆参加・平等主義・社会主義的民族主義などである。スカルノにおいて称えられたのはまさしくスハルトに欠けている諸点だった。けれども、スカルノが大衆や青年たちを引きつけた理由は彼自身ではなく、その称賛の裏に込められたスハルト批判をとおして、彼が反新秩序体制の象徴となったことにある。

その後、スハルト政権が倒され、民主的改革が進められた。反スハルトの象徴としてのスカルノの役割は終わったが、反スハルト運動で広められたスカルノへの肯定的な再評価はおおむね今日でもなお多くの人に受け入れられている。いっぱんにスカルノは、インドネシア国家の父・建設者・初代大統領と称され、インドネシア民族の形成・統一・発展という理想の実現に向けて、第二次世界大戦前から日本占領期、民族革命期をへて、インドネシア共和国初代大統領としての統治期、その地位を追われるまでの全生涯を捧げたと称えられている。かつてスカルノが提唱した理念や思想を今日の諸問題に適用しようとする研究も少なくない。しかし、彼のすべてが肯定的に評価されているわけではなく、大統領在任後期における激しいインフレーションによる経済破綻、議会制民主主義の廃止と独裁的・権威主義的な「指導される民主主義」体制、内政・外交での左傾化とインドネシア共産党の重用などは依然として批判の声が高い。

スカルノの生涯は、まさに「インドネシア」という民族および国家が形成・建設された過程そのものである。このように、彼はその目的を実現するために彼の一生を捧げた。以下、この彼の生涯において、彼が何を考え、どんなことを主張し、いかなることを為したかをたどりながら、インドネシアの人々が自らの民族・国家をいかに形成・建設してきたかを明らかにしていきたい。

①—民族主義指導者への道程

近代植民地国家オランダ領東インド

スカルノの生まれた二十世紀初年には、今日のインドネシア共和国の領域を総称する固有の名称はいまだ存在せず、「サバンからムラウケまで」支配地を拡大し、それを統一・支配するオランダ領東インドという近代的植民地国家が完成しつつあった。また、現地の住民全体を指す統一的呼称もなく、彼らは各地方のエスニック集団、つまり歴史、言語や生活慣習の共通性で結ばれた文化的集団を最大単位とし、ジャワ人・スンダ人・バリ人・ミナンカバウ人など、その居住する地域と共通する名称で呼ばれていた。「インドネシア」という名称は、十九世紀半ばに「インドの島々」を意味し、当初はマレーシア、フィリピンなども含む広い領域を指す地理用語としてつくられた。それが二十世紀初期から住民の間に民族意識が広まるなかで、彼らにより植民地を意味する「オランダ領東インド」にかえ、自らが一体的に帰属する民族・政治単位、つまり「わが民族・祖国インドネシア」の意味で用いられるようになった。

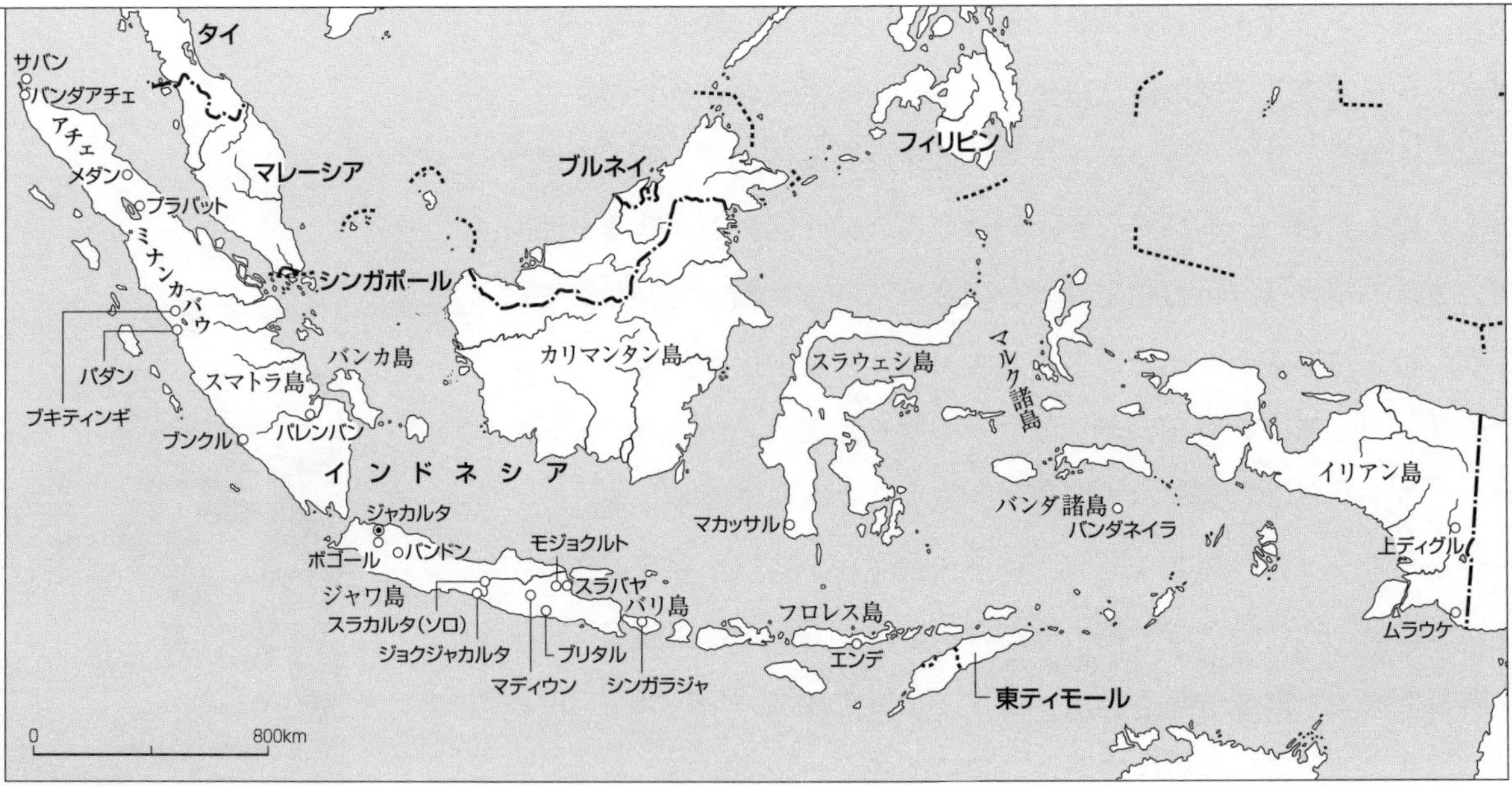

●―**インドネシアの領域**（「サバンからムラウケまで」）　オランダ領東インドの支配が西北端のサバン市から東南端のムラウケ市までおよんだことにもとづき、インドネシアはこの成句を用いて、旧植民地全域にたいする主権を主張し、それを実現した。

フォルクスラートの開設（一九一八年五月）

　この民族意識の形成には二十世紀の開始とともにオランダが展開した倫理政策という温情主義的な植民地政策が皮肉にも一つの刺激となった。この政策は、オランダは植民地東インドからえた富を負債として返済すべき倫理的責任と義務を負うとの自覚から、現地住民の文明化と福祉の向上をはかることを目的とした。それにより農業振興のための灌漑《かんがい》網や農業金融システムの拡充、道路や鉄道、通信施設の建設が進められたが、糖業資本などには有用ではあっても、住民福祉の向上にはあまり効果がなかった。行政では、中央集権的体制を保持しつつ権力分散をはかり、中央から地方・下位機関へ、ヨーロッパ人官吏から現地人官吏へと一部権限が移譲された。地方の都市や州、県に評議会、中央にはそれら評議会の頂点としてフォルクスラートという植民地議会が一九一八年に設置され、一握りの住民もかぎられた選挙で参加できた。この政策は住民に自治を学ばせる意図も含んでいたが、その実態は、当初は総督らへの諮問機関の域をでず、のちに権限が拡大されたとはいえ、自治の学習とはほど遠かった。

　それでもこうした変革により行政組織が拡大し、現地人の中・下級官吏の雇用が大幅に増加した。また、部分的であれ産業や社会の近代化、都市化の進展が新たな職業を生み、それを担う現地人労働者が急増した。官吏や一定の労働者には相応の能力が求められ、それらを育てる教育制度の拡充も必要になった。教育は基本的に住民用とヨーロッパ人用との二本立てであった。住民用の初等教育には従来の四、五年制、ジャワ語・ムラユ（マレー）語使用の小学校に加え、各村落に地方語で読み書き、計算を学ぶ三年制の村落学校の設立が進められた。ヨーロッパ人教育は一般に小学校（七年制）から五年制の高等市民学校（以下、高等学校）へと進み、オランダ語で教えられた。

現地住民のエリート教育にはオランダ語を用いる中等教育機関として、「原住民官吏養成学校」「原住民医師養成学校」が拡充・整備された。住民のオランダ語学習の機会をふやすため、ごく一部の上層の子弟にかぎられていたヨーロッパ人小学校入学の門戸を少し広げ、一部の小学校を七年制の「オランダ語原住民学校」に変えるなどした。また、ほんのわずかながら、住民が高等学校で学び、オランダの大学へ進む機会も少しずつふえただけでなく、一九二〇年代にはバンドンに工科、バタヴィアに法科、医科の大学も設置され、植民地内での大学卒業資格取得が可能となった。

村落学校（ジャワ）

高等学校の現地人・中国人入学者数

年	現地人	中国人
1905	36人	15人
1917	78人	145人

スカルノの通った高等学校　もとは県知事の官邸だった。

▼ダウウェス・デッケル（一八七九〜一九五〇）　民族運動指導者。東ジャワ生まれの欧亜混血者。ジャーナリスト。一九一三年、東インド党

民族主義の始動

ごく少数とはいえ、これら中・高等教育機関には東インド各地から俊秀が集まり、ともに学ぶうちに、彼らのなかから同じ東インド植民地の民族という意識が生まれ、民族主義にもとづく運動を指導する者がでてきた。住民もまた、植民地支配の拡大・深化にともない行政による生活への関与がふえるにつれ、統一された中央集権的な植民地国家の存在を少しずつ意識するようになった。その植民地支配は頂点にオランダ人らヨーロッパ人、中間に中国人・アラブ人・インド人などから成る東洋外国人、最下位に人口の圧倒的多数を占める現地人を位置づける人種差別の上に築かれていた。その差別は雇用、地位や賃金、入学規制からホテルや社交クラブなどあらゆる面におよんでおり、しかも目に見えた。これが住民の反植民地感情を燃えたたせる大きな要因となり、民族主義を成長させ、それを反植民地・民族独立の運動へと導いた。

オランダ領東インドにおける組織的な民族運動は、一九〇八年に結成されたブディ・ウトモ（ジャワ語で「至高の徳」の意）に始まった。これはジャワ人の教育や産業の振興、その文化的・社会的向上を目標とし、エスニック意識はこえ

られなかった。それに反対し、欧亜混血者（ヨーロッパ人とアジア人の混血者）のダウウェス・デッケル、▲ジャワ人のチプト・マングンクスモ、▲スワルディ・スリヤニングラット▲は一九一二年に、エスニック意識にとらわれず、東インドを祖国と考える「東インド人」のための東インドを唱え、東インド党を設立した。同党ははじめて独立を掲げ、おもに欧亜混血者から、ジャワをこえた支持をえたが、これを危険視した政府から公認されず、翌年には解散に追い込まれた。

これらとは別に、一九一一年末、ジャワの古都スラカルタ（ソロ）でバティック（ジャワ更紗《さらさ》）業者らが新たに同業種に進出してきた中国人に対抗するために小さな互助組織、イスラーム同盟（サリカット・イスラム）を設立した。その活動はムスリム住民の地位向上や社会的改善を求める方向へと進み、急速にエスニシティや地域の枠をこえ広く東インドに拡大した。

その拡大の大きな要因には、運動の共通用語としてムラユ語を用いたことがあげられる。歴史的に、ムラユ語は相互に意思疎通不可能なエスニック集団固有の言語（地方語）とは別に、群島間の交易・商業のための共通語と同時にイスラームの布教用語として用いられてきた。オランダも拡大する領域支配の便宜

の筆禍事件により、ほかの二人の指導者とともに国外追放でオランダへ。帰国後、一九二〇年代、バンドンで教育、政治活動。スカルノとも親交。独立後、スティアブディと改名。シャフリル内閣の閣僚も務めた。

▼チプト・マングンクスモ（一八八五〜一九四三）　民族運動指導者。中ジャワ出身。医師養成学校卒業。筆禍事件による追放から帰国後、バンドンにおいてスカルノらの民族運動に大きな影響力をもった。一九二八年から四一年までバンダネイラに流刑。

▼スワルディ・スリヤニングラット（一八八九〜一九五九）　民族運動指導者、民族教育運動指導者。ジョクジャカルタのパクアラム王家出身。筆禍事件により国外追放でオランダにわたり、留学生の民族主義運動を主導。帰国後は民族文化にもとづく教育運動に力をそそぎ、一九二二年にタマン・シスワ学校を設立し、中心指導者となる。四〇歳を機にキ・ハジャル・デワントロと改名し、独立後に教育文化大臣を務めるなど、教育の発展に貢献した。

のために、これを準公用語として用いた。イスラーム同盟はこのムラユ語を運動の用語として用いることで、エスニック集団の壁を乗りこえ、東インド全体に活動を広げることができたのである。さらに、ほかの民族主義団体もムラユ語を用いたことで、これを民族の共通語とする意識が急速に定着し、「インドネシア」の普及とともに、「インドネシア語」となった。

その後、高まる社会不安のなかで同盟の活動は急進化し、農民・労働運動の展開、社会主義、独立を標榜するようになった。その背景には優れた指導者チョクロアミノトと、同盟内で勢力を拡大していた東インド社会民主主義同盟▲(以下、社民同盟)の存在があった。そして、まさにこのイスラーム同盟の指導者との出会いが、スカルノの人生の最初の大きな節目になったのである。

▼**東インド社会民主主義同盟**(社民同盟) 一九一四年、オランダ人社会主義者スネーフリートらが設立。スマウンらインドネシア人活動家をつうじてイスラーム同盟内での工作により同調者増加(党内合作)をはかった。オランダ人指導者の国外追放後、二〇年インドネシア人主導で東インド共産主義者同盟(事実上の共産党)に改組し、二四年にインドネシア共産党と改称した。

少年スカルノ

スカルノの父スケミ・ソスロディハルジョは、ジャワの下級貴族(プリヤイ)の出身でムスリムであり、バリ北部、シンガラジャの「原住民小学校」の教師であった。母イダユ・ニョマン・ライはバリ人で、ヒンドゥー教徒である。こ

●東インド党の三人の指導者　左からチプト、デッケル、スリヤニングラット。

●チョクロアミノト（一八八二〜一九三四）　民族運動指導者。東ジャワ出身。イスラーム同盟のカリスマ的な指導者。演説に優れ、大衆の圧倒的な人気を集め、一九一〇年代の同盟の発展を導いた。内部における共産主義派の膨張による党内対立が激化するなかで、その指導力がしだいに失われていった。左はスカルノが寄宿したチョクロアミノトの家。

小学校時代のスカルノ　右端がスカルノ。

高等学校時代のスカルノ

の両親の結婚は後年スカルノに体現される、エスニシティや宗教をこえた「一体的インドネシア」を象徴しているようにみえる。バリ生まれの姉スカルミニについで、彼は父の転勤したスラバヤで生まれた。誕生時の名はクスノだったが、のちに健康を願いスカルノに変えられた。

一時期トゥルンガグンの父方の祖父母のもとに預けられ、そこでワヤン(影絵劇)に親しみ、そののちもこれを愛好した。ワヤンの内容にはジャワの伝統文化のエッセンスがもりこまれており、それが彼の思想・価値観の重要な要素を成していたことはよく知られている。六歳になるとスラバヤの両親のもとにもどり、小学校に入学したが、そののち、父が教頭として赴任した東ジャワの地方都市モジョクルトの小学校に転校した。

スケミはスカルノに「白人世界へのパスポート」となる大学進学への道を歩ませようと望み、一九一一年の小学校四年次終了後、彼をヨーロッパ人小学校五年へ編入させようとした。しかし、スカルノのオランダ語の実力不足のため三年次にしかはいれず、その力不足をうめるためにオランダ人女性の家庭教師が雇われた。五年後の一六年、小学校を終えたスカルノはスラバヤの高等学校へ進学をはたした。この年の現地人生徒数は約三〇〇人のオランダ人にたいし二〇人ほどであった。その高等学校の五年間、スカルノは父スケミの友人で、当時民族運動の中心的組織であったイスラーム同盟議長のチョクロアミノトの家に、種々の学校で学ぶほぼ同世代の三〇人ほどの学徒たちにまじって寄宿した。

　チョクロアミノトは一九一二年に自ら設立したイスラーム同盟スラバヤ支部を足場に同盟中央の中心的指導者となり、その活動を大いに飛躍させた。彼は同盟の組織・運営を近代的なものに整え、機関誌『ウトゥサン・ヒンディア（インドの使者）』の発行やジャワ各地での集会をつうじ、同盟の宣伝、支持拡大、運動への大衆の動員に努めた。彼の演説・行動は多くの人をひきつけ、支持者の一部は彼をジャワの伝説上の救世主ラトゥ・アディル（正義王）とみなすほどのカリスマ性を有していた。スカルノは師匠に従う弟子のように彼についてまわり、その政治的手法を学びとった。

　スラバヤのチョクロアミノトの家には同盟の活動家が多数訪れた。イスラーム改革派の主要な論客のハジ・アグス・サリム▲やアブドゥル・ムイス▲、労働運動指導者スルヨプラノト▲、同盟の左翼的急進化を促し、共産主義運動のおもな

▼ハジ・アグス・サリム（一八八四〜一九五四）　イスラーム同盟などイスラーム改革主義運動の指導者。西スマトラ出身。同盟からの共産主義者追放の急先鋒。独立後、外務大臣を歴任した。スカルノの民族主義論にたいし、「民族」をアッラーにかえて神格化している、と批判。

▼アブドゥル・ムイス（一八八三〜一九五九）　イスラーム同盟の指導者、文学者。西スマトラ出身。初期フォルクスラートの議員。後年は文学に活動の主力を移した。

▼スルヨプラノト（一八七一〜一九五九）　イスラーム同盟の指導者。労働運動を主とし、「ストライキ王」と称された。後年は弟の設立したタマン・シスワ学校で教鞭をとった。

指導者となるスマウン、ダルソノらの名があげられる。日常的に読書をつうじて、ジェファーソン、ウェッブ夫妻、マルクス、ヘーゲル、カント、ルソー、ヴォルテールなど西洋の政治家・思想家らの事績、思想について学ぶ一方、上記来訪者らの議論を聞き、彼らと話すことでスカルノは当時の政治運動、それにかかわる政治思想、運動理論を学習することができた。そこはまさに、「あらゆるイデオロギーのゆりかご」であった。また、当時寄宿舎にはのちに共産主義運動の有力指導者となるムソとアリミンがおり、とくに後者からはマルクス主義を教えられたと自伝で述べている。また、高等学校のドイツ語教師で社民同盟の幹部であったハルトッフからもマルクス主義と弁論術を学んでいる。

スカルノはイスラーム同盟に属したが、その活動は『ウトゥサン・ヒンディア』への政治的意見の投稿や、青年組織である青年ジャワの大会や集会での演説がおもであった。当時、イスラーム同盟は、ジャワ語における身分差別にもとづく敬語を廃し、上下関係を含意しない平語《へいご》(ゴコ)の使用を促すジョウォ・ディポ運動を進めていた。この運動の根底にはジャワ社会に根づく身分差別を廃し、社会的平等を実現しようとする意識があった。スカルノは何度か青年ジ

▼**ムソ**(一八九七〜一九四八)　共産主義運動の指導者。東ジャワ出身。一九二六年、コミンテルンから蜂起の承認をえるためアリミンとともに訪ソ。蜂起失敗により亡命。三五年、共産党再建のため帰国したとされるが、詳細は不明。四八年に再帰国し、共産党の指導権を握ったが、同年のマディウン事件のさなかに死亡。

▼**青年ジャワ**　一九一五年に東インドの文化等への理解を深めるなどの目的で設立されたジャワ人学徒の組織。一八年に青年ジャワに改称。この頃、なおエスニック意識を残すスマトラ青年同盟、青年スラウェシなど類似の組織が設立されたが、二〇年代後半には民族意識を共有し、連合して青年会議を開くようになった。

●**ダルソノ・ノトスディルジョ**（一八九七〜一九七六、右）**とスマウン**（一八九九〜一九七一、左）
ダルソノとスマウンはともに初期の共産主義運動の指導者。ダルソノは中ジャワ出身のジャーナリスト。イスラーム同盟、社民同盟に加盟し、スマウンと協力する。一九二三年、スマウン、タン・マラカ逮捕後のインドネシア共産党の議長。二五年に逮捕され、国外追放。その後、運動を離れ、五〇年に帰国。
スマウンは東ジャワ出身。鉄道の労組で活動。イスラーム同盟、ついで社民同盟に加盟し、前者の左傾化を推進。一九二〇年に、この社民同盟を東インド共産主義者同盟に改組し、初代議長となった。二三年に国外追放され、亡命生活。独立後に帰国、タン・マラカの流れをくむムルバ党に属するも目立った活動はない。

●**アリミン**（一八八九〜一九六四）　共産主義運動の指導者。中ジャワ出身。イスラーム同盟、共産党で活動。訪ソ中に一九二六〜二七年蜂起失敗により亡命し、その後ソ連、中国で活動。四六年に帰国。マディウン事件で壊滅した共産党再建に努めたが、その後の路線論争のなかで左翼偏向を批判され、失脚した。

●**スカルノ在学当時のバンドン工科大学入学者数**

入学年	1921	1922	1923	1924	1925
インドネシア人	6	8	5	8	3
中国人	2	4	3	2	1
ヨーロッパ人	29	30	10	20	10

〔出典〕Hering, Bob, *Soekarno, Founding Father of Indonesia, 1901-1945*, 2002 をもとに作成。

ヤワの大会や集会でその趣旨を主張しただけでなく、その機関誌や集会でのムラユ語使用も訴えるようになった。このことは、民族運動が地域主義を捨て、ムラユ語を共通語に全東インドへの拡大を志向する流れにあるというスカルノの認識をあらわしている。

スカルノ(左)とウタリ(右)

バンドン工科大学初年のスカルノ

青年スカルノ

一九二〇年にチョクロアミノト夫人が急逝したあと、同年か翌年にスカルノはその娘ウタリと結婚した。ウタリはまだ一五歳で実質的な夫婦生活はなかったが、スカルノはこれによりチョクロアミノトの後継者と目された。だが、なお高等学校在学中の彼は大学進学をめざしており、まだ専門的な政治家への道を歩み始めたわけではなかった。二一年六月、高校を卒業した彼は、前年に東インドにはじめて設立された大学であるバンドンの工科大学へ入学した。なぜこの大学を選んだかは不明であるが、オランダへの留学には学資が不十分であったため、父の望む立身出世の道を閉ざさないための次善の策として、当時東インド唯一の大学を選択したと推測される。寄宿先はチョクロアミノトの知人

▼インギット・ガルナシ(一八八八〜一九八四)　スカルノの二番目の妻(一九二三〜四三)。西ジャワ出身。スカルノの学生から民族独立運動指導者としての時代をともにした。この間の初めエンデ、その後ブンクルへの流刑の期間(一九三四〜四二)を含め、家族の生計だけでなくスカルノの活動、精神をも支えた。一九四三年、スカルノがファトマワティを第二夫人としてむかえることを拒否し、離婚した。その後はバンドンで過ごした。

のハジ・サヌシ家であり、その夫人がインギット▲であった。彼女はその頃三〇代初めで、初対面でスカルノはその成熟した優雅さに魅了された。

大学入学の約二カ月後、チョクロアミノトの逮捕により彼の学生生活は中断された。一九一九年、西ジャワのチマレメ村の農民反乱に同盟の関与が疑われ、彼はその裁判における偽証の嫌疑で逮捕されたのである。彼の家族の困窮は目に見えており、スカルノは大学卒業もあきらめざるをえない可能性を承知で休学し、チョクロアミノト家の長女の夫として家計を助けるべく働くことにした。スラバヤへもどり、国鉄の事務員となったが、二二年五月にチョクロアミノトが無罪釈放され、六月に復学することができた。復学後半年、スカルノは名ばかりの妻のウタリと離婚し、サヌシと離婚したインギットと二三年三月に結婚した。夫は二一歳、妻は一一歳年上であった。インギットは草根・木皮などからつくるインドネシアの伝統的な生薬・化粧料であるジャムーの調合・販売、バティックの商売などに精を出した。それはスカルノの学費を助け、生計の維持に大きな役割をはたした。

こうした彼女の献身もあって、彼は前述の休学期間を加え五年で無事卒業で

バンドン工科大学卒業時のスカルノ

きた。週六日の履修課程、授業内容はかなり厳しく、宿題も多く、試験も頻繁にあった。この間、彼にはめだった政治的活動はなく、それらを着実にこなし課程を終えるために、まじめに学業に専念したようである。けれども、むろんそれだけではなかった。この時期はチョクロアミノトの庇護を離れ、スカルノが政治的に自立し、自己の政治的理念の基礎を確立していく過程であった。彼はときには政治的集会に参加し、ほかの学生やバンドンの政治的指導者、とくにダウウェス・デッケル、チプト・マングンクスモらと議論をかさねていた。さらにこの間の民族運動の大きな変動が彼の政治的関心を促し、運動推進の政治的・思想的課題の追求に向かわせたことは確かである。

民族主義運動の前進・分裂・後退

一九一〇年代末、イスラーム同盟は第一次世界大戦後の不況や自然災害などによる社会混乱のなかで労働運動に力をそそいだ。その中心となったのはスマウンらが指導するスマランの同盟と鉄道労組、スルヨプラノト指導下のジョクジャカルタの同盟中央と製糖工場労組であった。両派は一九年から二〇年、労

▼スネーフリート(一八八三〜一九四二)　オランダ人社会主義者。一九一三年ジャワへ。翌年スマランで

働運動と同盟の指導権をめぐり激しく競り合い、その間でチョクロアミノトの影響力は急速に低下した。社民同盟の党員でもあったスマウンらは、創立当初のスネーフリート▲らオランダ人指導者が国外追放などで去った社民同盟を一九二〇年五月に改組し、インドネシア共産党を実質的に設立した。

こうした民族運動の激化を危惧した政庁は倫理主義にもとづく温情主義的姿勢を捨て、警察力を強化して運動弾圧の体制を整えた。同盟内のスマラン派とジョクジャカルタの中央派との対立は、共産主義対反共・イスラーム主義というイデオロギー対立でもあった。後者はハジ・アグス・サリムを中心とし、同盟員の二重党籍禁止を主張し、一九二三年二月に共産党員を同盟から追放した。同盟はインドネシア・イスラーム同盟党と改称し、汎イスラーム主義にかたむいて政府からの弾圧を避けたが、党勢は急速に衰えた。

政府への対決姿勢を強めた共産党は勢力を拡大し、ストライキ闘争を進めた。政庁はこれを厳しく弾圧し、指導者タン・マラカ▲、スマウンらを国外追放に処した。有能な指導者を欠いた党は戦略が定まらないなか急進化し、蜂起路線を進み、十分な組織的統制を欠いたまま一九二六年十一月西ジャワで、翌年一月

社民同盟を結成し、イスラーム同盟のスマウンらをつうじてインドネシア人青年活動家を獲得し、党勢を拡大した。一八年の国外追放後、マーリンの名でコミンテルンの工作員として中国に赴き、社民同盟での経験を生かし「国共合作」に尽力した。その後、コミンテルンを追放され、オランダで下院議員を務めた。侵攻したナチスにより銃殺。

▼タン・マラカ（一八九七〜一九四九）インドネシアの革命家。西スマトラ出身。オランダ留学中に共産主義者となる。帰国後、共産党に入党し、一九二一年に第二代議長。二二年、政府により国外追放。コミンテルンの工作員として東南アジア各地で革命を指導したが、のちにコミンテルンを離れる。四二年、日本軍政下にひそかに帰国。独立宣言後の革命期に、スカルノ、シャフリルの外交路線を否定する連合戦線を指導した。その後、オランダとのゲリラ戦のなかで死亡したが、経緯は不明である。彼は独特の民族革命路線を説き、のちに支持者たちはムルバ党に結集したが、支持を広げることはできなかった。

▼イワ・クスマ・スマントリ（一八九九〜一九七一）　民族運動指導者、政治家。西ジャワ出身。一九二〇年代半ば、オランダ留学中にインドネシア協会で活動。その間、約二年モスクワ留学。二七年帰国し、弁護士、国民党入党。三〇年、バンダネイラに流刑。日本軍政期に独立準備委員会委員。独立後、国防大臣など閣僚を歴任した。

インドネシア協会の指導者たち
左からグナワン・マングンクスモ、ハッタ、イワ、ムルヨノ、サルトノ。

西スマトラで武装蜂起を決行した。いずれも短期間で鎮圧され、四五〇〇人が有罪とされ、一三〇八人がパプアの上ディグルの収容所に流された。この収容所への流刑は以後反乱者へのみせしめとされ、彼らがこうむるもっとも過酷な刑罰になった。共産党は徹底的弾圧をこうむり、壊滅した。

同時期、オランダでは東インド出身の留学生の親睦団体「東インド協会」が民族主義的性格を強め、意識的に「東インド」にかえて「インドネシア」を用い始めた。一九二三年初め、ハッタやイワ・クスマ・スマントリ▲らは同団体をインドネシア協会と改称し、植民地政府に対する非協力、インドネシア民族自身の努力による独立を目標に掲げた。その機関誌『インドネシア・ムルデカ（独立インドネシア）』はひそかに東インド内に持ち込まれ、協会の民族主義理念が伝えられた。同時に「インドネシア」という概念も受け入れられ、急速に普及していった（以下、本書でも東インドにかえインドネシアを用いる）。帰国した協会員たちの多くは研究会などをとおして政治活動を続け、こののちの民族運動、さらには独立後の政治指導者になっていく。こうした協会の思想・運動からスカルノが受けた刺激と影響は多大であった。

②―民族主義指導者スカルノ

「民族主義、イスラーム主義、マルクス主義」

　スカルノは工科大学卒業半年前の一九二五年末、バンドンにチプト・マングンクスモを顧問格に、元留学生たちも加えて一般研究会を組織した。この研究会では、タン・マラカの著作などもいち早く取り上げられた。スカルノがこののちその闘争論の柱とする大衆行動論は、彼からの影響が多分にあったことは確かである。二六年五月、スカルノは卒業して「技師」の資格をえた。この資格はある程度高位の官職を約束されていたが、彼はそれを望まず、同級生のアンワリと建築事務所を設立した。これは彼の政府にたいする非協力の意思表明であり、民族主義運動に専心する道の選択でもあった。

　この時期、スカルノにとって取り組むべき課題は明確であった。分裂し後退した運動に統一を取り戻し、失われた大衆の支持を再結集することであった。彼は一九二六年に一般研究会の機関誌『インドネシア・ムダ(青年インドネシア)』に、彼の最初の重要な論文「民族主義、イスラーム主義、マルクス主義」

を発表した。

まず、彼は次のように主張する。西洋の植民地支配のねらいは経済的利益の獲得にあり、その支配からの解放は闘争によってのみえられる。現在のインドネシア人民の反植民地運動は表題の三潮流に分裂しているが、三者はともに独立インドネシアの実現に向けて西洋の植民地支配、資本主義、帝国主義と闘うという起源と方向で共通している。「われわれを独立インドネシアへ運ぶ船こそ統一の船であり」、三者は相互の反目を捨てて協力し、統一されなければならない。さらにその主張は次のように展開される。

この統一の軸となるのが民族主義である。民族主義の祖国愛は単なる民族的高慢にもとづくのではなく、世界の経済と歴史の構造を十分に理解したうえですべての排外的な考えを拒否する。真の民族主義は単なる西洋の民族主義の模倣品ではなく、ガンジーのいう人間・人類への愛情にもとづいており、民族主義者の祖国愛は、大気が生きるものすべての必要を満たすのと同様に、他者にも十分に分け与えることができる。しかし、西洋の民族主義は真の民族主義と異なり、高慢で攻撃的性格をもち、自身の利益のみを求めるものであり、それにもとづく植民地主義とともに最終的に打破されるべきものである。それゆえ、インドネシアの民族主義は植民地支配と闘うアジア各地の民族主義ともその本質は同一である。インドではガンジーがムスリムそのほかの宗教勢力との協調を実現し、中国では民族主義の国民党が共産主義と協力(国共合作)しており、インドネシアでも民族主義、イスラーム、マルクス主義は相互の誤解や無理解を排して密接に協力すべきなのである。

スカルノの思想が幼少時代からそのなかにどっぷりと漬かってきたジャワ文化に根ざしていることは通説となっている。この論文で主張される「調和と統一」はその文化の中心的価値であり、対立を抑えて調和と統一を保つ者は偉大な指導者としてたたえられる。本論の末尾で彼は、今やその求められている統一のマハトマ、主導者となる組織者はいないのだろうかと問いかけている。東西の思想家、指導者らから過剰なほどの引用をし、まさに「世界の経済と歴史の構造」についての知識を用いて統一を促す論説から、彼こそがその指導者にふさわしいと自負していることは容易に読み取れる。

インドネシア国民党

一九二七年七月、スカルノはその統一の軸として、一般研究会を中心に宗教的に中立な世俗的民族主義にもとづくインドネシア国民同盟を結成した。これは翌年五月インドネシア国民党と改称された。当初の加入者は党首スカルノはじめ国内の大学卒業者であったが、党幹部には▲サルトノ、▲アリ・サストロアミジョヨなどインドネシア協会の元幹部もいた。その目標はいうまでもなくインドネシアの独立である。その目標達成の手段は暴力によらない大衆行動、政府に対する非協力であった。

国民党設立とほぼ同時期、オランダでハッタらインドネシア協会幹部が逮捕された。すぐさま国民党はこれに抗議する一連の活動を主導し、党と党首スカルノを民族運動全体の中心的存在に押し上げた。その勢いに乗って、彼は一九二七年十二月には主要な政治団体から成るインドネシア民族政治団体協議会（ＰＰＰＫＩ）の設立を成しとげ、民族運動統一の念願をはたした。スカルノはこの統一戦線の意義として、対立するわれわれと支配者側との区別が明確にされたことをあげた。スカルノはこのわれわれと支配者との対立を、こちら側

▼サルトノ（一九〇〇〜六八）　民族運動指導者、政治家。中ジャワ出身。オランダに留学、インドネシア協会幹部。帰国後は、ほとんどスカルノとともに活動した。国民党設立に加わり、その後の国民党解散、パルティンド設立を主導して旧国民党員の分裂をまねいた。独立後、再建された国民党の幹部として一九四五年国務大臣、国会議長（在任一九五〇〜五九）、六〇年から最高諮問会議副議長、などを歴任した。

▼アリ・サストロアミジョヨ（一九〇三〜七五）　民族運動指導者、政治家。中ジャワ出身。オランダに留学、インドネシア協会幹部。帰国後、国民党に参加。独立後、再建された国民党の幹部として、教育・文化大臣（在任一九四七〜四九）を務めた。国民党党首（在任一九五〇〜六〇）として、一九五三〜五五年、五六〜五七年の二度にわたり首相となり、五五年にはバンドン会議を成功させた。

●—インドネシア国民同盟設立時の幹部
左からサムシ、スカルノ、イスカック。

●—PPPKI第二回大会

●—国民党大会（一九二九年）　右側に「社会主義は自由・正義・秩序が支配する、より良い社会を望む」という標語が掲げられている。

siniとあちら側sanaとの対立としてとくに強調し、また褐色人戦線と白人戦線との対立とも言い換え、この統一戦線により、インドネシア民族の目標(独立)達成に必要な「力の形成」が可能になったのである、と述べている。

なお、この統一戦線において各構成団体は自らの組織を維持し、戦線の意思決定は熟議(ムシャワラ)をつうじて全員一致の合意(ムファカット)を原則としたことが注目される。スカルノはこののち、インドネシアの村落社会で維持されてきた慣習、つまり問題を全員が納得するまで熟議し、全員一致で決定することがインドネシア民族固有の民主主義であり、これこそが真の民主主義であるとして、この民主主義の原則の実現を一貫して主張し続ける。その信念の実践がのちの「指導される民主主義」である。この時期にはすでに彼がこの民主主義観を確立させていたとみられる。

しかし、スカルノの思い入れとは逆に、この組織は結束のゆるさやのちの国民党自体の分裂などから、決定的な行動をとれずに自然崩壊し、みるべき成果もあげられずに終わった。

マルハエニズム

スカルノはインドネシアの歴史を大きく三つの時代に区分する見方を提示した。かつて、シュリーヴィジャヤやマジャパヒトなど、群島にまたがる大帝国が栄えた過去の「栄光の時代」、外国の資本主義、帝国主義により植民地として支配され、搾取されている現在の「暗黒の時代」、そして、植民地支配から脱した新しいインドネシアの人々を待つ「輝ける未来」である。この歴史像と一体となって彼のインドネシア独立の理論は構築されている。

その理論がマルハエニズムである。国民党がイデオロギー的基礎にすえたのもこのマルハエニズムであった。インドネシア人民の大部分は小農・小商人・小漁民など貧しい「小民(クロモ)」から成っており、わずかな土地・農具・漁網・水牛など自給的生産に足るだけの生産手段を所有するのみである。彼らをあらわすのに、スカルノはジャワ語の「クロモ」にかえて、かつて出会った農民の名前を借りてマルハエン▲の名称を用いた。

スカルノがいうには、マルハエンは帝国主義・植民地支配により搾取され、貧困をしいられており、その搾取と悲惨からの解放は独立獲得がなければ不可

▼マルハエン　スカルノは後年自伝において、バンドンでの学生時代、郊外をサイクリング中に出会った農夫マルハエンとの会話をとおして、これを着想したと述べている。

能である。その独立は、彼らと帝国主義者との間に本来的な利害の対立があるため、闘争によってしか達成されない。ところが、彼らは数世紀にわたる植民地支配により自尊心と活力を奪われてしまっており、闘争には彼らに「栄光の時代」を思いおこさせ、かつての自尊心と活力を回復させることが不可欠である。国民党はマルハエンに働きかけ、彼らを組織し、支持をかため、暴力や反乱に拠らず、集会と大衆行動、植民地政府への非協力の運動を進めねばならない。それをとおして大いなる人民の「力を形成」し、その圧倒的な強さをもって独立をかちとるのである。

スカルノは独立を「黄金の橋」にたとえた。その橋の彼方に建設される「輝ける未来」の国家は自由で公正な社会であり、人民主権の民主主義にもとづくが、欧米流の資本主義のもとでの政治的民主主義だけではなく、資本主義を廃止して実現される搾取のない経済的民主主義(経済的平等)をともなった社会民主主義である。それゆえ、独立後のマルハエンは資本主義、ブルジョア社会への道を歩んではならないのである。

マルハエニズムはマルキシズムとの音の響きの類似性からも推測できるよう

に、マルクス主義からヒントをえたのは確かであろう。しかし、スカルノは、マルハエンはなんらかの生産手段をもっているのでマルクス主義のいうプロレタリアとは異なり、マルハエン主義はまさにインドネシア社会の構造から産み出されたのであると主張する。彼自身はマルハエニズムとはなにかについて詳しく定義してはいないが、それが社会主義なのは確かである。

スカルノはジャワ各地の演説会などで国民党、独立運動への支持を訴え、その雄弁と政府糾弾の舌鋒の鋭さから「演壇の獅子」の異名をとり、集会には支持者が押し寄せた。一九二八年末には党員数が一万人をこえた。民族主義の潮流は青年運動も刺激した。青年組織の連合が開催した同年十月の第二回青年大会では、「一つの祖国インドネシア、一つの民族インドネシア民族、一つの言語インドネシア語」という「青年の誓い」を採択した。これはインドネシアという呼称と一体化した民族解放思想が広く定着したことのあかしであった。同時にこの大会で「インドネシア・ラヤ」が民族歌(のちに国歌)として初披露され、紅白旗が民族旗(のちに国旗)として承認され、こののち民族主義運動の各種の集会などをつうじて広く社会のなかに定着していった。

逮捕・裁判・分裂

当初、国民党員の多くはジャワの主要都市の知識人であったが、農村部へも熱気が伝わりはじめるのをみて、すでに反動化し警察国家の体制にあった政府はすぐに弾圧を開始した。一九二九年末多数の同党指導者を拘留し、大衆を扇動し反乱を企て、公共の安寧と秩序を乱したとの嫌疑でスカルノら四人を公判に付した。裁判は翌年八月に始まり、スカルノはかつてオランダの法廷で無罪をかちとったハッタの例に倣い▲、この法廷を独立運動の正当性を広く訴える演壇に変え、のちに『インドネシアは告発する』の表題で出版される、二日間にわたる法廷弁論を展開した。

一九三〇年十二月の有罪判決のあと、翌年四月の上告審で、スカルノに懲役四年、ほかの三人にも懲役二年から一五カ月の刑が確定し、彼らはスカミスキンの刑務所に収容された。スカルノを失い残されたサルトノら国民党指導部は弾圧を恐れて党活動の一時的休止を決定した。さらに三一年四月に同党を解散し、同月末に綱領そのほかを継承した新党インドネシア党（以下、パルティンド）を結成した。サルトノらはスカルノらの有罪は国民党の活動が非合法と認

▼**ハッタの例**　ハッタは一九二七年のオランダでの逮捕後の裁判にさいし、その法廷弁論において彼らの政治活動の大義と正当性を論じた。それが効力をもったか否かは不明であるが、ハッタらは無罪とされた。

●—バンドンの法廷前のスカルノ(左から三人目)ら

●—法廷前に集まる人々(一九三〇年八月)

●—スカミスキン刑務所

▼シャフリル(一九〇六〜六六) 民族運動指導者、政治家。西スマトラ出身。オランダへ留学。インドネシア協会幹部。一九三一年、帰国しインドネシア民族教育協会を設立。三四年に逮捕、上ディグルに流刑、のちにバンダネイラに移される。日本軍政には協力を拒否し、消極的抵抗活動。独立後、スカルノの対日協力を批判、スカルノの大統領内閣にかえて議院内閣制を樹立し、初代首相兼外務大臣となる。革命派と対立しながら、外交交渉による独立維持に尽力したが、四七年に退任。四八年に社会党を結成し、党首。スカルノの指導される民主主義体制に反対し、六二年に逮捕、スイスでの病気療養中に客死。

釈放後のスカルノ歓迎大会(一九三二年一月、スラバヤ)

定されたからであり、その活動継続はさらなる弾圧をまねくと判断したのである。

他方、政府の脅しに屈し、各支部にはかりもせずに党解散を決定した非民主的手続きに怒り、反対する党員たちは、自由派連合を称しパルティンドに対抗した。当時オランダにいたインドネシア協会幹部のハッタやシャフリル▲はこれに同調し、パルティンド指導部を激しく批判した。シャフリルは一九三一年夏に帰国すると自由派連合を率い、同年十二月末に、国民党の正当な継承者を主張する新組織インドネシア民族教育協会(以下、教育協会)を設立してその議長となった。翌年八月、ハッタが帰国するとシャフリルにかわって議長となった。同党は国民党の正当な継承者であることを主張した。

この運動内の分裂のさなか、スカルノが一九三一年末に植民地総督交代の恩赦により釈放された。彼は変わらぬ統一至上主義にもとづき、当初この分裂した両派のいずれにも属さず、統一回復に努めた。しかし、両者の溝はあまりに深く、それは失敗し、翌年九月彼はパルティンドにはいり党首となった。

両派の分裂は、双方のあるいはスカルノ対ハッタ、シャフリルの戦術・路線

パルティンド大会（一九三三年四月）
中央が党首スカルノ、右がインギット。

をめぐる対立でもあった。ハッタはスカルノの戦術があまりにも指導者の個性、カリスマに依存しすぎているとして、彼の大衆行動路線を批判した。その路線は大衆の主体的な自覚にもとづくのではなく、スカルノのあやつるジャワ的な神秘主義やワヤンの幻惑的逸話で、ただ大衆をあおり、彼に追従することを促しているにすぎない。その大衆は、いわば飼育者のうしろを鳴きながら行列するアヒルの群れのようなもので、真の力の形成にはいたってない、というのである。そのため、教育協会は大衆政党ではなく、党員には合理的な人権、人民主権思想などをたしかに学ばせ、指導者が弾圧で奪われても次々と教育訓練を積んだ幹部がそれにかわれる精鋭主体の党をめざした。

また、批判の鉾先はスカルノが成果と誇る政治団体協議会にも向けられた。この協議会は、いくつもの肉の小片を串に刺して焼いたサテ料理(persatean)にすぎず、真の統一(persatuan)ではないと、語呂合わせをまじえて皮肉った。その統一は表面的で、単なる統一のための統一にすぎず、真の「力の形成」など不可能である。逆に、フォルクスラートをもっぱら活動の場とする政府協力派や貴族的団体との連合は、非協力を柱とする本来のマルハエンの党としての性格を曖昧にし、その活動の妨げになるだけだと非難した。

スカルノとパルティンドは、ハッタらの路線はエリート主義であり党から大衆を遠ざけると反論し、あらためて大衆行動による力の形成を強調した。そのうえで、彼はハッタらの批判をいれるかたちで新たな主張を加えた。独立達成に必要な大衆の力の形成をより強固にするには、大衆の意思がとけ合って一つになり、真の力となることが不可欠である。それには民主集中制により強固な一体性を保持する前衛党の指導がなくてはならない。彼の提示したこの論がレーニンの所説に拠っているのは確かだが、なおこの前衛党に彼らしく世俗的党派と宗教的党派の統一を求めており、実現性には乏しいといわざるをえない。

スカルノのもと、パルティンドは一九三三年半ばまでに約五〇の支部と二万の党員を擁したが、その党勢拡大は政庁の危機感をあおった。三〇年代初めからおよんできた世界恐慌による経済危機がインドネシア社会を不安にしていた。三一年末に就任した総督ド・ヨングは前任のド・フラーフと正反対の強固な保守主義者で、民族運動弾圧の機をうかがっていた。三三年二月、オランダの戦艦でインドネシア人水兵の反乱が起きると、政庁はこの反乱にパルティンドと

▼四通の書簡　一九七九年のイングルソンの著書によりその存在が知られ、翌八〇年の中頃から、インドネシアの言論界に、この書簡にもとづいたスカルノの非協力路線離脱への非難が起こった。これにたいし、書簡の原本はなく、コピーのみが在ることから、これはスカルノをおとしめるためにオランダ官憲が偽造したものだと説く、スカルノ擁護論も出された。この問題はスカルノの歴

史的評価をめぐる論争へと進み、明確な結論もなく翌年まで続いた。最終的には、書簡の真贋はともかく、スカルノの評価はあくまでも彼の実績、歴史的役割のみでなされるべきだということになり、論争は沈静化した。なお、筆者は、このコピーはスカルノの書いた書簡にもとづくものであろうと判断した。

流刑地エンデへ出発するスカルノ

教育協会の関与を主張して弾圧を進め、同年八月、スカルノをふたたび逮捕するにいたった。

流刑地エンデ

この逮捕はスカルノを精神的にひどく追い詰めたようである。彼はつねに、総督が運動指導者を裁判なしに上ディグル等へ流刑する権限をもつことを声高に非難してきた。今やその流刑に処されるのは確実とみられ、彼を待つ大衆と切り離されたはてしない孤独への恐怖が彼の精神を萎えさせたに違いない。彼は一九三三年八月末から一カ月の間に四通の書簡▲を検察長官に送り、運動から完全に身を引き、必要なら政府に協力するとまで述べて釈放を嘆願した。しかし、政庁はまったくこれに取り合わず、これらの書簡を公表することもせず、翌三四年二月彼をフロレス島エンデに流刑にした。

だが、スカルノはこの間に上記嘆願とは別にパルティンドの指導者らに書簡を送り、今や彼の考えが党の政策と全面的には一致することがなくなったので離党する、と伝えた。彼の真意がどこにあるのかはまったく不明であるが、検

流刑地エンデでの住居

察長官への嘆願と同一の理由によると推測される。このことが公表されると人々は大きなショックにみまわれた。なによりもパルティンドの幹部が事態に対処できず、スカルノを失った党は急速に衰えた。

ハッタはこのスカルノの運動からの脱落を厳しく糾弾したが、政庁は同じ非協力派の教育協会をも放置せず、ハッタとシャフリルはスカルノがエンデに送られた一週間後に逮捕され、まず上ディグルに流され、のちにバンダネイラに移された。また、イスラーム勢力へも弾圧の手はおよび、この時期の西スマトラで、私学校への規制強化に反対する運動などをとおして、イスラームと民族主義との運動の統一にとくに力をいれていたインドネシア・ムスリム連合やイスラーム同盟党などにたいし、政庁はこれを危険視し、その指導者たちをやはり上ディグルなどへ流刑にした。

エンデでのスカルノ一家は近隣の住民との交際は許され、自作の演劇を楽しむ機会もえられた。だが、まったく政治活動を封じられたスカルノは、心底での知的孤独感をぬぐえなかった。その一端を満たしたのがバンドンのイスラーム統一教会の指導者アフマッド・ハッサン▲とイスラームについて論じた書簡

▼アフマッド・ハッサン（一八八七〜一九五八）　イスラーム改革派指

（通称エンデ書簡）の交換であった。この交換書簡での彼の論点は、イスラーム社会、つまりインドネシア社会は遅れており、その遅れをいかにして取り戻すか、である。

スカルノの主張は次のように要約できる。イスラームは本来進歩的であるが、守旧的な法学と伝統に固執する宗教学者が歴史の進歩に目をつぶることでその進歩性を妨げている。イスラームは、預言者の時代からは予測しえない近代の科学的な知識の文脈のなかで、幅広く理解されるべきである。イスラームの本質は不変だが、社会はつねに変化し改革されており、イスラームの理解の仕方も歴史の進歩に応じ変革されなければならない。この遅れは守旧主義の打破、新しいものの創造によってのみ取り戻すことができるのである。

流刑地ブンクル

一九三八年二月、スカルノ一家は南西スマトラのブンクルへ移された。ここはエンデよりは近代的な町であり、イスラームの近代的改革運動組織としてインドネシア全土で広く活動していたムハマディヤ▲の支部も存在した。スカルノ

導者、シンガポール出身。一九二四年にバンドンのイスラーム協会（一九二三年創設）に指導者として加わり、同協会の急速な発展に貢献した。彼らはイスラームの信仰実践から迷信・神秘主義の除去を唱道し、宗教教育活動にも貢献した。スカルノへのイスラームの手ほどきとともに、のちのイスラーム政治指導者、首相のナシール（在任一九五〇〜五一）の師匠としても知られる。

▼ムハマディヤ　一九一二年、ジョクジャカルタ王家の宗教官吏ダフラン（一八六八〜一九二三）が創立したイスラーム改革派の社会団体。迷信と因習を内包したイスラーム信仰を批判し、聖典コーランと預言者ムハンマドの言行スンナにもとづく近代的再生をめざした。二〇年代には全国的に支部網を拡大し、宗教学校だけでなく一般的学校教育、孤児院、病院の経営など幅広く社会運動を展開し、今日まで大きな社会的影響力を維持してきた。独立後はマシュミ党を支持したが、その解散後は政治への関与を避けた。

ブンクルでの家族　後列中央で立っているのがスカルノ、中列右で椅子に座っているのがインギット、前列左で床に座っているのがファトマワティ。

▼ケマル・アタチュルク（一八八一〜一九三八）　トルコ共和国の建設者、初代大統領。第一次世界大戦後、連合国によるトルコ分割を阻止する祖国解放運動を指導し、勝利。一九二二年にスルタン制を廃止し、オスマン帝国を滅亡させ、二三年にトルコ共和国設立を宣言し、大統領に就任した。二四年からカリフ制廃止などの一連の改革を進めた。

▼ストモ（一八八八〜一九三八）　民族運動指導者。東ジャワ出身。医師養成学校時代にブディ・ウトモ設立に参加。その後、オランダへ留学。帰国後、一九二六年にスラバヤでイ

はこのムハマディヤの学校教師となり、その活動にも加わった。そうした関係でスカルノはムハマディヤの支部長の娘ファトマワティを知り、その後彼の家に下宿した、二二歳下の彼女を妻にと望むことになった。妻インギットへの言い訳は自分の子がほしいということであり、ファトマワティを第二夫人にすることを前提に論じ合ったが、インギットはそれを拒んだ。この問題は彼らのブンクル滞在中には解決せず、次の舞台へと持ちこされた。

ブンクル時代もスカルノのイスラーム改革の姿勢は変わらず、まずこの地のムハマディヤの集会場から女性の隷従の象徴だとして男女の席を仕切るカーテンを廃止させた。改革論はイスラームと国家の関係におよび、イスラーム改革と民族主義との統合の先進的な例としてケマル・アタチュルク▲によるトルコ革命をあげ、とくに政教分離に関して次のように論じる。政教分離により宗教は国家の権力から離れ、独立して自らをはぐくむことが可能になった。真の民主主義国家なら宗教と国家の一体化のためには国民すべてがイスラーム教徒でなければならず、インドネシアには非ムスリムが存在するゆえ、一体化は民主主義の放棄にほかならない。独立インドネシア国家には「民主主義なき国家と宗

ンドネシア研究会を発足させ、穏健な、協調派の運動を推進。三五年にパリンドラを設立し、党首となる。

▼タムリン（一八九四〜一九四一）　民族運動指導者。バタヴィア生まれ。一九二四年、バタヴィア人協会を代表し、フォルクスラート議員に選出。協調派民族運動の代表的存在で、スカルノの政治団体協議会活動に協力。三五年のパリンドラ設立で、同党政治部長に。三九年には民族運動統一を目的にインドネシア政治連合（ガピ）を設立。これはスカルノのPPPKIの理念を引き継ぐものとみることができる。彼の日本との親交を危険視する政庁により四一年初めに逮捕され、五日後に変死した。

▼スタルジョ請願　官僚代表の議員であるスタルジョ（一八八二〜一九七六）らが提案し、フォルクスラートで決議された請願。東インドの自治を拡大することを目標に、まずオランダ・東インド連合の枠内での自治に向けた協議の開始を求める内容であったが、オランダ側はこれを二年間検討もせずに放置したのち、拒否した。

教の一体化か、宗教を分離した民主主義国家か」の二者択一の道しかない。まさに、この選択はあらためて一九四五年に問われることになる。

一九三〇年代半ば以降、弾圧により非協力路線の運動は影をひそめ、政庁にある程度協力的な政党や個人が、フォルクスラートを主要な舞台に活動するのみとなった。この協調派の諸党派はストモ▲や、スカルノとも親しいタムリン▲を中心に三五年末、大インドネシア党（パリンドラ）を結成した。翌年半ばフォルクスラートは自治の漸次的拡大を求める「スタルジョ請願▲」を採択したが、オランダはこれを二年間放置したのちに、拒否した。

一九三〇年代後半はファシズムの拡大から第二次世界大戦にいたる時期である。三七年、サルトノら旧パルティンドの左派が中心となりインドネシア人民運動（グリンド）を、三九年にはタムリンが主導して諸政党の連合体インドネシア政治連合（ガピ）を設立した。これらは強く自治を要求したが、ファシズムとの対決を優先し協調路線をとった。しかし、政府はまったく譲歩の姿勢をみせなかった。

この間、スカルノは新聞などでインドネシアの政治にかかわらない範囲でファシズムや第二次世界大戦について論じている。彼はほかの民族主義者らと異なり、大戦をファシズム対民主主義の戦争、イデオロギーの戦いとはみなさない。インドネシアがファシズムを拒否するのは、その独裁制がインドネシア民族の慣習に根ざす民主主義、ムシャワラ・ムファカットの精神と真っ向から対立するからである。西洋資本主義国のブルジョア民主主義は真の民主主義ではなく、またファシズムは衰退する資本主義の一形態にすぎず、大戦は資本主義勢力間のたがいの利益・資源獲得をめぐる戦争でしかない。まさに、インドネシアがオランダに味方すべき理由はどこにもないのである。

スカルノは一九四一年春、親オランダ的な論文を書くならジャワ帰還が可能であると、植民地問題題顧問官ペイパーによる勧誘を受けた。ペイパーはスカルノを利用して全インドネシアの一致したオランダへの協力を引き出すことにあったとみられる。スカルノはただ、この勧誘の事実をインドネシア民族運動に知らしめ、スカルノの立場を明らかにしたい、とのみ答え、それを拒否した。

この一〇年ほど前までスカルノは、タン・マラカの所説に従い、日本の進出による英米日間の太平洋における帝国主義戦争の勃発を説き、その戦争がインドネシアの独立のなんらかの契機となる可能性についていくどか論じていた。だが、戦争勃発が現実味をおびてきたこの時期になって、彼はこの件にまったく言及していない。日本の動向に神経をとがらす政庁の監視がその沈黙をしいたのであろう。しかし、彼が心中ひそかに、日本ファシズムは非難すべきだが、この戦争が不可避ならばこれを独立実現のために利用すべきだと現実的な計算をし、その可能性を閉ざさないための沈黙であったとも考えられる。

日本軍を歓迎する人々（メダン）

③―日本軍の占領・協力・模索

協力の選択

日中戦争を戦い抜くために日本は戦略物資の調達を東南アジア方面に求め、一九四一年十二月八日に軍事侵攻を開始し、太平洋戦争に突入した。日本軍はオランダ領東インドにたいしては四二年一月にカリマンタン、二月にスマトラを攻撃し、三月一日にジャワに上陸し、九日にはオランダ軍を降伏させた。多くの地で日本軍は解放者としてむかえられたが、その歓迎ムードは日本による軍政が開始されるや急速に冷え込んだ。

日本は民族運動が築き上げてきたインドネシアという一体的民族意識を無視し、インドネシアを三分割し、陸軍第二十五軍がスマトラ、同第十六軍がジャワ、海軍がスラウェシその他の地域を統治した。日本のインドネシア占領の主目的は戦略資源の確保にあり、当初からその独立を認めず占領を継続する方針であった。日本軍はいっさいの政治活動を禁じ、民族意識をあおる紅白旗、民族歌インドネシア・ラヤも禁止した。その一方で、日本は早急な社会の安定と、

スカルノ、ジャワ到着　1がスカルノ、左がインギット、3は出迎えのハッタ。

戦争遂行に不可欠な人的・物的資源確保のための住民動員を必要とし、民族運動指導者の協力を求めた。彼らも自発的か否かは別に、かなりの部分が軍政中央の任務にかかわった。

日本軍の侵略開始時、オランダはスカルノ一家をオーストラリアへ強制避難させるために西スマトラのパダンへ移したが、避難は間に合わず、彼らはパダンに取り残された。そこへ一九四二年三月、スマトラの日本軍政府からスカルノに協力要請の声がかかった。自伝によれば、彼は日本が最終的にインドネシアの独立を認めるという確認をえて協力を約束した。ところが、五月にジャワの日本軍からジャワへの帰還、軍政への協力が求められた。彼はこれに応じ、一家は七月九日、ジャカルタ(旧バタヴィア)へもどった。

その夜、スカルノはハッタの家を訪れ、シャフリルをまじえて話し合いをもった。後者二人は一九四二年二月、西ジャワに移されていたが、日本軍によりともに釈放され、ハッタは顧問として軍政に協力していた。彼は反ファシストであったが、協力拒否は生命の危険にもおよぶと推測され、やむをえず住民の犠牲を少しでも軽減するよう尽力する目的で協力を承認した。シャフリルは日本軍に知られておらず、反ファシスト、社会主義者として反日の立場から消極的な抵抗活動をおこなった。スカルノの協力は、代償としてインドネシア独立に向けた政治的譲歩を日本から獲得するという現実主義的な戦略にもとづいていた。彼ら三者はここでたがいの立場を確認し合ったとされている。

自伝では、陸軍第十六軍司令官今村均《ひとし》▲はスカルノへの協力要請にさいし、インドネシアが日本軍の保護下でいかなる自由をえられるかは戦争終結前には決められないが、スカルノらの目的や条件を、またそれらが日本のそれと一致していることをよく承知していると語った、とされている。スカルノはこの実際には同床異夢である「一致」を踏まえ、対日協力運動を利用して独立に向けた民族の自覚と一体化を強化することを目論んだ。その後二週間にわたり、スカルノはジャワ遊説をおこない、各地で運動指導者との関係を復活させた。また、いたる所で受けた熱烈な歓迎は彼にあらためて民衆の支持を自覚させた。

プートラ

軍政はスカルノ、ハッタに加え、民族主義的な教育機関タマン・シスワの指

▼今村均（一八八六〜一九六八）　第十六軍（ジャワ上陸作戦軍）司令官。ジャワ占領後の統治では、抑留オランダ人への対策、インドネシア人の民族主義運動への対応などにおいて、シンガポールなどに比して融和的な姿勢をとったため、軍部中枢からはその生ぬるさを批判された。一九四二年末には第八方面軍司令官としてラバウルに移った。

▼マス・マンスール（一八九六〜一九四六）　イスラーム改革運動家、

導者キ・ハジャル・デワントロ(スリヤニングラットから改名)、ムハマディヤの指導者マス・マンスール▲を含めた四人を対日協力活動の中心的指導者にすえた。彼らは「四葉のクローバー」と称され「四位一体」の集団指導をおこなったが、スカルノが第一人者の地位にあることが活動のあらゆる場面でみられた。

　彼らとともに、スカルノは念願の民族主義の統一された運動組織の形成を進めた。日本はこの組織の民族主義志向を懸念したが、その動員力への期待から設立を認め、「民衆総力結集運動」が一九四三年三月九日に発足した。この組織はインドネシア語でPusat Tenaga Rakyatと名づけられ、その各単語の初め二文字をつなげてputeraプートラと略称とされた。

　その設立集会で、スカルノはこの略称「プートラ」がインドネシア語で「息子」の意味もつことから、プートラはインドネシア人のおのおのの息子に、彼が母の息子であり、彼に命のあるかぎり母へ敬意を捧げる義務を思いおこさせる、という意の演説をした。この「母」が「祖国」インドネシアであるのはいうまでもなく、この組織が日本のためだけでなく、民衆の一体化を進め、自らの力を形成するという民族主義の目的を含むことを強調したのである。

東ジャワ出身。一九一五年エジプトのアズハル大学留学から帰国後、イスラーム同盟に参加。二一年にムハマディヤに加入し、その後スラバヤ支部長をへて、中央本部総裁(在任一九三七〜四二)。三七年の改革派と保守派の加わる最初のイスラームの連合組織、インドネシア・イスラーム最高協議会(ミアイ)の設立、その後の同会の活動において中心的役割をはたした。

四葉のクローバー　左からスカルノ、ハッタ、デワントロ、マンスール。

だが軍政のねらいはあくまでもプートラを日本の戦争努力に民衆を協力させる道具にすることにあった。軍政は民衆の組織化、動員を避けたオランダとはまったく逆に、青年団・警防団・婦人会・隣組などを組織し、これらをつうじて宣伝・啓発活動、防空・竹槍などの組織的訓練、労働奉仕を強制した。だが、これらの組織が民族主義へ傾斜するのを恐れて、軍政はプートラをこれらに直接関与させようとはしなかった。スカルノらはプートラ本来の活動がほとんどできず、軍政宣伝部の指示により、ジャワ各地で集会を開き、米英撃滅のスローガン▲を掲げて演説し、食糧増産、労務者への応募など日本軍への協力を訴えさせられただけであった。

また、プートラの活動は地方行政官によっても妨害された。軍政はできるだけ既存の制度を利用して統治を再編し、中央、地方ともに従来の機構と人員がほぼ継承された。行政機構の最上位は日本人が占めたが、その下に旧来のプリヤイ官僚・官吏が従来の威信・権力体系を維持した。地方行政官吏たちは住民にたいする伝統的な支配関係が民族主義者の介入によりそこなわれることを恐れ、その影響力排除に努めたのである。

▼反英米スローガン　スカルノがしばしば叫んだ語呂合わせを用いた反英米スローガンの一つに、〝Amerika kita setrika, Inggeris kita linggis.〟「さあ、アメリカを火のしでのしてしまえ、イギリスを金てこで打ちくだけ」がある。

▼ファトマワティ（一九二三〜八〇）　スカルノの三番目の妻、第一夫人。南スマトラ出身。独立達成から国家建設期のスカルノを支えた。革命期には大統領夫人として役割をはたし、「国母」と称された。一九五四年、スカルノとハルティニの結婚に反対し、大統領官邸をでた。以後、彼と行動をともにすることはなかった。

こうした公的活動に多忙な日々のなか、スカルノはブンクル時代から続く結婚問題を解決することができた。ハッタやマンスールらの協力もあって、おおいに不満なインギットも離婚に同意し、バンドンに退いた。その後一九四三年八月にファトマワティをスマトラから呼び、ハッタらの立ち会いのもと、正式に結婚した。私生活の面でも「四葉のクローバー」に助けられたわけである。ともかく、彼女はこののち一〇年、五人の子を産み育て、インドネシアという国家を建て、そのトップにのぼり詰めるスカルノと行《こう》をともにすることになる。

軍政は民族主義とは別にイスラームの反オランダ感情を日本への協力に転換させようとはかった。とくに圧倒的多数の農村住民の動員には伝統的ムスリム指導者のキヤイやウラマー（イスラーム諸学をおさめた学者）の協力が必要と考え、講習会などの宣撫《せんぶ》工作を進めた。一九四三年には既存のイスラーム連合組織ミアイにかえ、伝統派ナフダトゥル・ウラマーと改革派ムハマディヤを中心にインドネシア・ムスリム協議会（マシュミ）を結成させた。この組織はイスラームの全会派を包括しており、その活動が軍政の統制下での動員、宣伝への協力にかぎられたとはいえ、世俗的民族主義とは別に一体的な政治勢力を形成し、独

▼キヤイ　広義では長老や学識者への尊称であるが、ジャワにおいては、プサントレン（イスラームの寄宿塾）の教師やイスラーム学者のウラマーへの尊称。

▼ミアイ　インドネシア・イスラーム大会議（または最高協議会）の略称。一九三七年、政庁のイスラームへの干渉に対抗するためにムハマディヤとナフダトゥル・ウラマーの主導下で、対立を繰り返えしていたイスラーム改革派と保守派の諸団体が、初めて結成した連合組織。日本軍政下でも、ムスリム民衆の動員への貢献を期待され公認された。

▼ナフダトゥル・ウラマー　インドネシアのイスラーム社会教育団体で「ウラマーの覚醒」の意味。一九二六年、イスラーム改革派の活動が活発化するのに反発し、従来の信仰形態を重んじる伝統主義派が設立した。中心になったのはおもに東ジャワの農村地域で宗教的・精神的指導者であったキヤイやウラマーであった。

立後もイスラームは国内政治に大きな影響力をもつことになった。

動員・徴発

一九四三年十月、軍政は、インドネシア人のみから成り本格的な軍事力をもつ軍隊の郷土防衛義勇軍(略称ペタ)▲を設立した。すでに同年春から補助兵力として兵補を雇い、初歩的軍事訓練を与えたが、実態は軍内の労務者にすぎなかった。ペタはほかの戦線に転じた日本軍の兵力補強を主目的とし、日本軍の指揮下におかれたが、自前の軍事力を欲していたインドネシア側の要望にこたえることにもなり、プートラも当然その設立を歓迎した。ここでも軍政は独立志向の強まるのを恐れ、士官任用に既成の民族主義指導者を避けたが、むろん「郷土防衛」という使命から隊員間にはおのずと強固な民族意識がはぐくまれた。彼らのなかからのちの民族革命の武力を担う大きな部分が形成されることになった。

一九四三年半ばからの戦況悪化により衣類など生活必需品の輸入がとまり、物資不足が深刻化した。軍政は当初から統制経済策をとり必需物資の供出・配

▼**義勇軍**(ペタ)　ペタの将兵は最終的に、一大団約五〇〇人、ジャワに六六大団で三万三千(三万七千とする文献もある)人を数えた。同様の義勇軍はバリ、スマトラにも形成され、前者は一五〇〇人、後者はラスカル・ラヤット(人民部隊)の名で、約一万人を数えたといわれる。軍政は一九四四年九月に奉公会の下に準軍事組織であるバリサン・プロポル(奉公推進隊)、同じく翌年二月マシュミの指導下にムスリム青年から成るヒズブラ(回教挺身隊)を組織し、ゲリラ戦の訓練などを施した。

給制を実施したが、不適切な政策とあいまって経済は崩壊状態になった。米など主要農産物の一定割合の供出強制はその割り当てが実態に合わず、農村にすら食糧不足を生じさせた。この物資不足のもとでの供出・配給制の実施は、これを統制・管理する官吏や業者による不当な供出強制、物資の隠匿・横流しなどを横行させ、物資不足を加速させた。さらに軍政が物資確保のために軍票を濫発した結果、不足する物資と過剰な通貨(軍票)とでインフレーションが猛烈な速さで進行した。これが民衆全体に苦難をしいるなかで、官吏らの腐敗行為を促す要因となった。

ロームシャ

この経済的苦難とともに「暗黒時代」と称される日本占領期を象徴するのが、ジャワ人労務者の強制徴発である。この大量の労働力はジャワ島内外、はては遠くマラヤ、タイやビルマでの道路、鉄道、飛行場などの防衛施設建設に、多くは劣悪な条件下で働かされた。動員された労務者の総数は不明だが、最高で四〇〇万人と推定され、そのうち海外へ送られた数は少なくとも二〇万人をこ

ジャワ奉公会の宣伝ポスター

し、その多くが生還できなかった。徴発は各州におかれた労務協会をつうじ、県・郡・村・区にいたる行政官・首長の管理下になされた。彼らは軍の要求に従い各単位ごとに労務者を強制的に割り当て・徴発したため、前述の腐敗行為ともあいまって「日本の犬」と憎悪され、独立後の社会革命のなかで民衆の襲撃対象とされた者も少なくなかった。

軍政はさらなる戦争努力強化の必要から、プートラにかわる新たな動員組織として、一九四四年三月、プートラなど諸団体を解散・再統合してジャワ奉公会を設立した。このしばしば日本の大政翼賛会に例えられる組織は、日本軍の軍政監を会長とし、州・県・郡・村・区ごとに支部をつくり、各首長がその支部長となった。末端には一〇～二〇戸で隣組が組織され、共同責任のもとで戦争協力の活動をしいられた。

この官民一体の総動員組織内で、スカルノらは高いポストを占めたが、実務は行政官吏が握り、彼らの活動は種々の「聖戦遂行への寄与」をあおることにかぎられた。スカルノは米の供出や労務者徴募が民衆に苦難をしいていることを承知のうえで、鋼鉄の鍛造などを例に出し、労苦の克服が自らをきたえ、それが将来の目標達成のための力となるなどと説いた。一九四四年九月には、自らサルトノらと労務者体験をし、その姿が大々的に報じられた。むろん、この過剰ともいえる彼の協力は批判も呼んだ。それでもなお、スカルノは自伝において当時抗議に訪れた数人の医学生たちとのやり取りに関連して、次のようにいう。

私が日本人に彼らの望むものを与えるのは、私が必要とするより大きな譲歩を日本から得るためであり、それが独立に向かう積極的な方法なのだ。……もし千人を犠牲にして何百万人もが助かるなら、私はそうする。われわれは生き抜くために戦っており、この国の指導者として私には傷つきやすい感情をもつようなぜいたくは許されていないのだ。

民衆のこうむった苦痛や犠牲にたいし真に自己の責任を認めながらも、民族の指導者としては必要な選択だったと主張している。

労務者を指図するスカルノ

自力独立への模索

この間、日本は一九四三年後半、ビルマとフィリピンの独立を認めたが、イ

▼東条英機（一八八四～一九四八）　軍人、政治家、首相（在任一九四一～四四）。一九四一年十二月、太平洋戦争を開始し、国内統制を強化し、独裁体制を築いた。戦況悪化のなか、四四年七月に総辞職した。戦後の極東国際軍事裁判でA級戦犯、四八年処刑。彼は四三年七月の南方占領地視察の途次にジャワを訪れたが、インドネシア人指導者たちの期待に反して、独立に関してなんら言及しなかった。

スカルノの東京訪問　最前列の左がスカルノ、右が東条、スカルノの背後に一部見えるのがハッタ。

▼小反乱　一九四四年二月に西ジャワのシンガパルナ村で起こった反乱が代表的であるが、そののちもいくつかの類似の反乱がこの地域で起こった。

ンドネシアには拒否した。高まる民族主義者たちの不満の緩和策として中央参議院、州参議会等の設置や中央・地方の行政でインドネシア人顧問の増員や官吏の昇進をおこなった。中央参議院はスカルノ議長のもと、全議員はインドネシア人で構成されたが、第十六軍司令官への単なる諮問機関にすぎなかった。十一月、参議院議長の資格でスカルノはハッタらとともに東京へまねかれた。これは彼がインドネシアの外へでた初の経験であった。彼はこの機会に東条首相▲と四度面会し、戦争協力へのみかえりとしての独立承認を強く求めたが、結果はむなしかった。

　しかし一九四四年、ますます劣勢となる日本は防衛強化にインドネシアの協力が不可欠ななかで、ジャワでは米の強制供出の影響が栄養失調や飢餓《きが》を生み、供出拒否の小反乱▲が何度か起こった。この年の前半、スカルノは演説のなかで、民衆を信じなかったゆえにオランダは民衆から信頼されず、その支配が崩壊したと指摘することで、日本軍にたいし民心の離反の進行を暗黙に警告した。

　日本軍はそれを防ぐためにも、目に見える大きな譲歩を迫られたのである。ついに九月七日、東条からかわった小磯首相▲が議会で、「東インド」に「将来その独立を認めんとする」と表明するにいたった。時期は未定だが、東インド、つまりインドネシアを一体とする独立を認めたのである。同日、司令部に呼び出され、突然これを知らされたスカルノはしばらく涙を流し、声もでなかったといわれる。彼にはとくにジャワだけではなく、東インド一体としての独立が、さらに同時に紅白旗、民族歌が許されたことも喜ばしかったが、独立時期が不明なことに不満が残った。それでも、彼はこの決定を、ときには屈辱にたえながらおこなってきた彼の協力が誤りでなかったあかしとして歓迎した。

この時期いくつかの都市に、強いインドネシア独立への決意と祖国防衛意識をもつプムダ(青年)のグループが出現した。それらの多くは軍政の宣伝機関や青年団などの教育・訓練のなかで生まれた。また、シャフリルに同調する医学生を主とするグループもあった。これらは相互に連携し、早期の独立実現を主張してスカルノら既成の指導者らに働きかけを強めた。そのなかから、日本と対立しても独立のための行動を起こすべき時がくると考え、それに備えるグループも生まれた。その急進化の動きはペタ内の一部にもおよんだ。

▼**小磯国昭**(一八八〇～一九五〇)　軍人、政治家、首相(在任一九四四～四五)。一九四四年七月、総辞職した東条内閣にかわり首相就任。戦争指導の一元化のために最高戦争指導会議を設立し、この会議で独立許容問題は検討された。独立時期が未定なのは、反対意見の強さを反映している。

小磯声明歓迎デモ　ブキティンギ、紅白旗を掲げての行進。

独立準備調査会・パンチャシラが承認された一九四五年六月一日の会議　右側で立っているのがスカルノ。

パンチャシラ

小磯声明後もインドネシア独立に向けた具体的な動きが進まないなか、一九四五年二月半ば、東ジャワのブリタルのペタ将兵が反乱を起こした。原因は政治的というより種々の不満の集積であり、反乱もすぐに鎮圧されたが、軍政に与えた衝撃は大きかった。この反乱により急いだわけではないが、三月一日にインドネシア独立準備調査会の設置が発表された。スカルノは「調査」会であることに不満であったが、ともかく事態は動き始めた。

四月末に調査会の構成委員が知らされた。委員総数は七〇人、スカルノをはじめ経験の長い民族主義指導者が多く、全体的比率からみてムスリムと青年層の割合が低く、宗教的中立論者が六〇%以上あった。人種でみると、インドネシア人六二人、日本人八人から成り、前者にはごく少数ながら中国人、アラブ人、欧亜混血者も含まれた。また、占領期の組織としてはめずらしく女性が二人含まれている。調査会の目的は独立国家の法や制度の検討にあった。

五月末に第一回会議が招集され、全体的に準備不足で低調な議論のなか、いくつかの新生国家の基礎哲学が提示された。六月一日、それらも踏まえ、スカルノの提案したパンチャシラ(建国五原則)が最終的に承認された。それは彼が従来述べてきた主張を五項目に整理してまとめたものである。

五原則は、(1)インドネシア民族主義、(2)国際主義ないし人道主義、(3)ムシャワラとムファカットないし代議制民主主義、(4)社会的公正ないし社会的繁栄、(5)唯一神への信仰である。彼によれば、これらは一つにしぼるならゴトン・ロヨン(相互扶助)であり、建設すべきは共通の利益のために相扶《あいたす》け合う「ゴトン・ロヨン国家」なのである。この五原則はインドネシアを構成する多様なエスニシティと文化の共通性と、独立闘争の過程で確認された共通原則の要約である。それらを新国家のイデオロギーの基礎にすえることが合意されたのである。

新国家の構想はこの原則にもとづくが、なおイスラームの位置づけの問題で論争が続いた。上記(5)の信仰の原則は、国民は堅固な信仰をもつべきであり、各宗教は相互に尊重され、宗教の選択は自由である、という意である。イスラーム国家建設の要求にたいし、スカルノはかつてと同じく将来の代表議会において賛成されるよう努めるべきだと説いた。この問題は憲法草案を作成する小委員会に移され、パンチャシラをもとにした憲法前文において、原則(5)を五原則の第一番に移し、かつ「唯一神への信仰」に続けて「イスラームの信徒はイスラーム法に従う義務をもつ」という一文を付加することで妥協がなされた。憲法前文草案はのちに「ジャカルタ憲章」の名で知られるが、付加された一文は独立後に発布される憲法では削除され、この問題は今日までなお論議が続けられている。

その憲法草案は七月半ばの第二会期で作成され、独立後の国家像が提示された。政体は人民主権による民主共和制、大統領が国家と行政の長をかねる大統領内閣制とされ、議会に縛られない大きな権力が認められた。ハッタは連邦制を考えていたがそれに固執せず、単一国家案が大勢を占め、統一論者スカルノの意は満たされた。領土は旧蘭領東インドに英領マラヤを加えた大インドネシアとされたが、これはのちの独立準備委員会設立にさいし日本軍により旧蘭領東インドのみに限定された。スカルノは西洋の帝国主義、偏狭な民族主義の根源が個人主義、自由民主主義にあると断じ、その排除を主張した。ハッタも過度の個人主義には反対したが、この憲法による体制が強権支配に転じかねない危険性を察し、思想・表現の自由などの市民権の明記を求めた。この件は第二八条に「法律をもって定める」として妥協がなされた。ともかく、これによってごく粗々ながらも、近代国家の体裁を整えた国家像がつくり上げられた。

④—民族革命

独立宣言

一九四五年八月六日、九日に米国が広島と長崎に原爆を投下した。日本はインドネシアの独立を急ぎ、スカルノを委員長とする独立準備委員会の設置を決定した。副委員長ハッタら二一人から成る準備委員会が十四日に設置され、十八日に第一回委員会を予定した。しかし、十五日に日本は降伏し、連合軍に現状維持を命じられた。これにより日本軍はインドネシア独立を自ら進めることもできず、インドネシア側が独自にそれを進めることも、妨げなければならなくなった。

スカルノら従来のおもだった指導者らはインドネシア人自身による早急な独立も考えたが、一方的な行動は日本軍に阻止されるとみて躊躇《ちゅうちょ》した。これにたいし八月十四日には日本の降伏を察知したシャフリルはプムダたちとともに、スカルノとハッタに日本軍にかまわずただちに独立を宣言するよう迫ったが、拒否された。その後十五日深夜、なおも交渉を続けていた急進的な一部のプムダがさらなる説得のため、スカルノと彼の妻子およびハッタをジャカルタ郊外レンガスデンクロックのペタ兵舎に拉致した。翌朝、この異変を独立準備委員の一人でもあるスバルジョ▲が、彼の勤務していた日本の海軍武官府長官前田精《ただし》▲の助力をえて、プムダを説得し、二人をスカルノの妻子とともにジャカルタの前田邸へつれもどした。

　彼らは前田の仲介により、日本軍が連合軍をはばかって、あくまでも独立を承認しない方針であることを確認した。これにより決断したスカルノらは、夜半に八月十八日の初会合に備えてジャカルタに集まっていた独立準備委員をただちに前田邸に招集した。彼らはプムダも加え、その場で独立を決議し宣言文を作成した。翌十七日朝十時、スカルノ邸前において、ハッタら少数の参集者を前に簡単な儀式がもたれ、スカルノが短いスピーチをおこなった。引用としては少し長いが、以下に全文を紹介しておこう。

　諸君！　私は諸君にわれわれの歴史のなかでもっとも重要なできごとを目撃してもらうため、ここに参集するようにお願いした。何十年も、インドネシアの人民はわが祖国の自由を求めて戦ってきた、否、何百年もだ。

▼アフマッド・スバルジョ（一八九六〜一九七八）　民族主義指導者、政治家。西ジャワ出身。オランダに留学、インドネシア協会幹部。帰国後ジャーナリスト。日本軍政期には海軍武官府に属し、前田と親交。独立後は、外務大臣、スイス大使などおもに外交分野で活躍。写真の前列右がスバルジョ、左がスカルノ。

▼前田精（一八九八〜一九七七）　海軍軍人。開戦時にはジャカルタ在勤海軍武官。小磯声明後、独立に備えて人材育成のための養成塾を設け、スバルジョ、ウィカナらに委ね、スカルノらを講師にまねくなど、インドネシア民族主義に同情的であった。

独立をかちとるわれわれの活動の波には高まる時も低くなる時もあったが、われわれの精神は変わらず理想に向かっていた。日本時代も民族独立を達成しようとするわれわれの努力がやむことはなかった。この日本時代において、われわれが彼らに依存したように見えたかもしれない。しかし、根本的にわれわれはつねにわれわれの力をきたえ上げ続けてきたし、われら自身の力を信じてきた。今や、われわれが真にわれわれの行動の運命とわが祖国の運命とをわが手中におさめる時がきたのだ。その命運を掌中に入れる勇気をもつ民族こそが強靱に立つことができるのだ。それゆえ、われわれは昨夜、全インドネシアから集まった指導者たちと協議した。その協議で、今こそわれわれの独立を宣言すべき時がきたのだと、全員の意見が一致した。諸君、ここにわれわれは固く結ばれた決意を宣言する。われわれの宣言を聴いてほしい。

続いてスカルノにより独立宣言が読み上げられた。

独立宣言

われらインドネシア民族は、ここにインドネシアの独立を宣言する。権

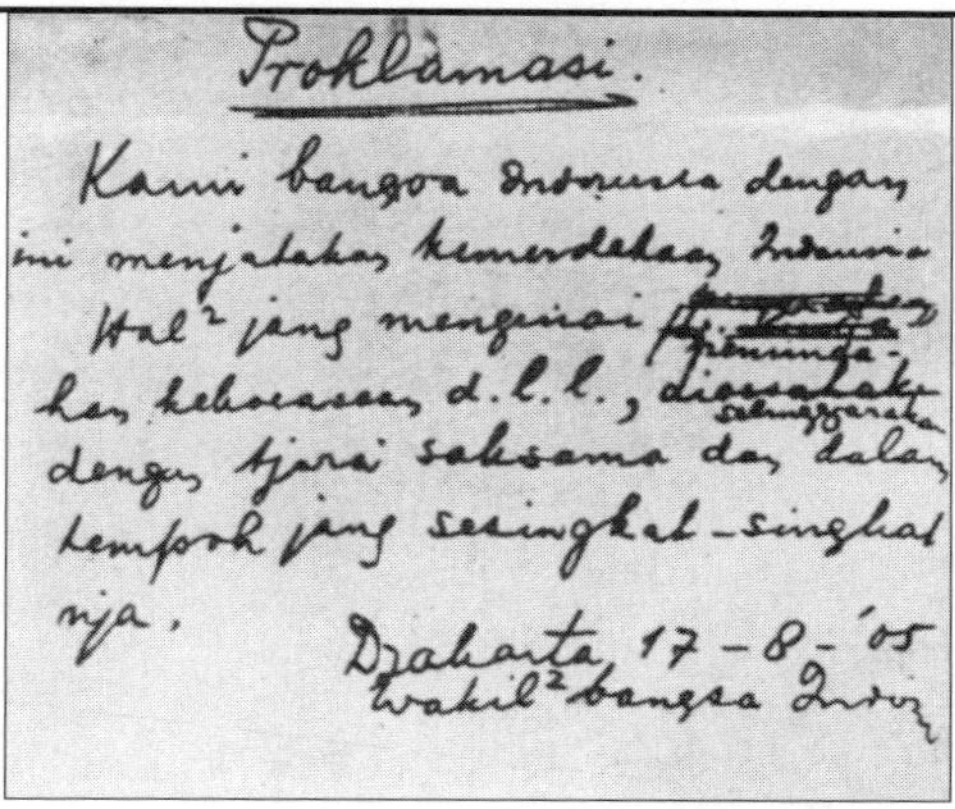
Proklamasi.

Kami bangsa Indonesia dengan ini menjatakan kemerdekaan Indonesia.

Hal² jang mengenai pemindahan kekoeasaan d.l.l., diselenggarakan dengan tjara saksama dan dalam tempoh jang sesingkat-singkatnja.

Djakarta, 17-8-'05
Wakil² bangsa Indonesia.

●—独立宣言草稿

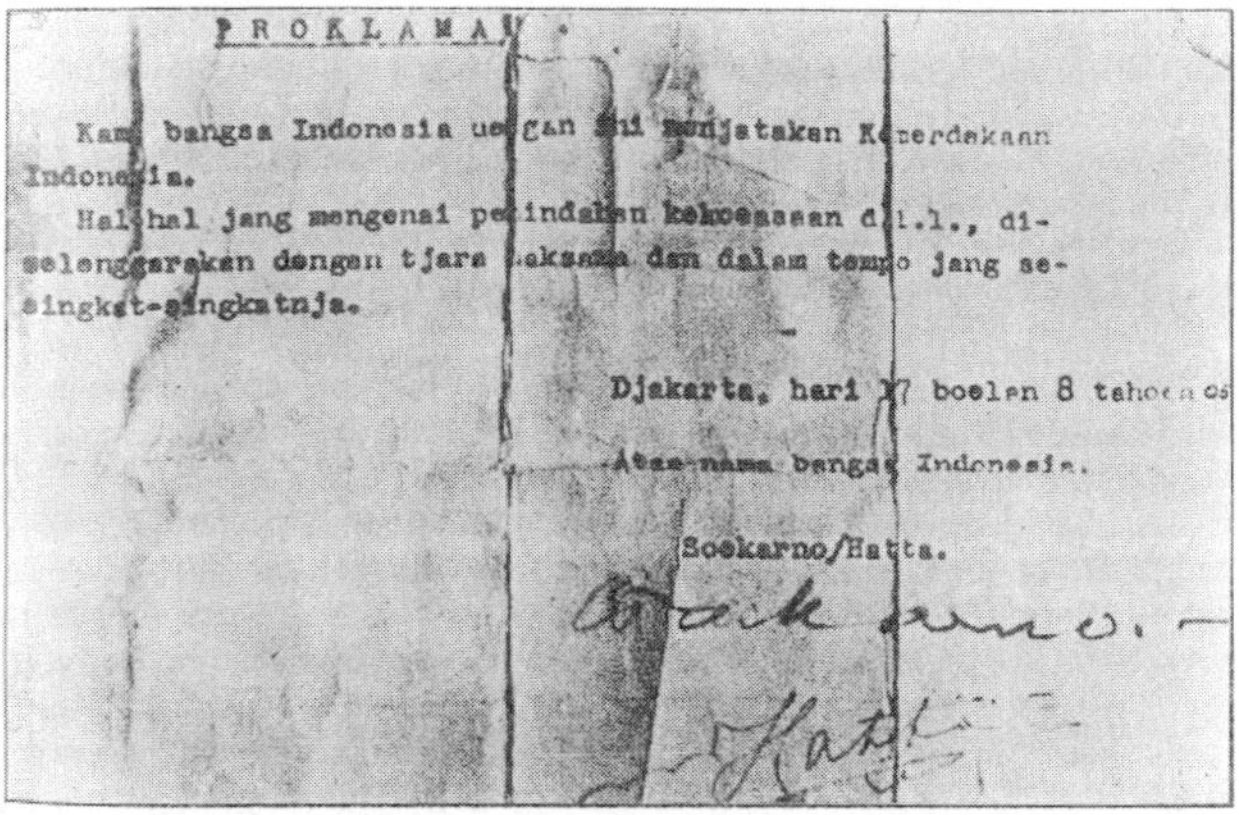
PROKLAMASI.

Kami bangsa Indonesia dengan ini menjatakan Kemerdekaan Indonesia.

Hal-hal jang mengenai pemindahan kekoeasaan d.l.l., diselenggarakan dengan tjara saksama dan dalam tempo jang sesingkat-singkatnja.

Djakarta, hari 17 boelan 8 tahoen 05

Atas nama bangsa Indonesia.

Soekarno/Hatta.

●—独立宣言正本

●—独立を宣言するスカルノ

力の委譲およびその他の事項は、慎重かつ可能なかぎり速やかにおこなわれる。

ジャカルタにおいて　(皇紀)〇五年八月十七日

インドネシア民族の名において

スカルノ、ハッタ

最後にスカルノは叫んだ。

このとおりだ、諸君。今やわれわれは独立した。わが国を、わが民族を縛るものは何もない。今からわれわれはわれわれの国家を建設するのだ。独立した国家、永久不変に独立したインドネシア共和国を。アッラーよ、神よ、われらのこの独立に祝福を!

独立か死か

戦争が突然終わったために、英印軍を主力とする連合軍は一九四五年九月末まで到着しなかった。その間に、新生インドネシア共和国はあわただしく国家機構の骨組みを形成した。独立宣言の翌日から独立準備委員会が会合をもち、

独立宣言後の電車に書かれた独立護持のスローガン　「また植民地化されるぐらいなら地獄へ行ったほうがましだ。」

準備されたインドネシア共和国憲法（一九四五年憲法）を採択し、スカルノとハッタを正副大統領に選出し、国家の中央・地方制度を整えた。それにもとづき九月初めまでには、スカルノのもとに内閣が形成され、独立準備委員会を増員・改組した暫定議会である中央国民委員会の議員、地方機関の長官らが指名された。地域・地方の機関はとりあえず、多くジャワ奉公会の構成と人員を基礎につくられた。こうしてスカルノ悲願のインドネシア民族の独立は成り、インドネシア共和国の体裁はまがりなりにも整った。

共和国独立のニュースが伝わると、各都市で一連の共和国支持の集会やデモがもたれた。さらに紅白旗を掲げた過激なプムダにより政府機関や放送局などの公共施設や交通機関が接収された。また日本軍政に協力し、米の供出や労務者動員などを強制した地方官吏や、彼らと結んで不正を働いた中国人商人らの襲撃などもおこなわれた。それらが地方エリートや支配層から権力を奪取するなど、社会革命に進展する例もあったが、多くは中途半端に終わった。日本の降伏後すぐに解散されたペタや兵補などの将兵たちもこれらの活動に加わった。そのなかから、日本軍から武器を秘密にゆずられたり、強引に奪取したりして

▼スディルマン（一九一五〜五〇）　共和国軍総司令官、中ジャワ出身。ムハマディヤの小学校教師をへて、日本軍政期にペタの大団長となる。独立後、人民保安軍に加入し第五師団長となり、その共和国軍への再編成にさいし国軍初代司令官に選ばれた。彼は一貫してオランダにたいして非妥協的に闘う姿勢をくずさず、ゲリラ的な戦闘の指導を続けた。一九四八〜四九年、結核に病む身体を担架で運ばれながら転戦、指揮し続けた姿は、今日でも独立戦争を聖なる闘いとする象徴となっている。写真は国軍幹部の任命式、前に立つのがスディルマン。

各地でラスカル・ラヤット（人民部隊）と総称される武装部隊が結成された。

当初、正規軍設立に消極的だった政府も、一九四五年九月下旬に連合軍と、同行した少数のオランダ軍の上陸が始まると、十月五日に人民保安軍設置を決断した。元ペタの兵士や兵補、準軍事訓練を受けた青年たち、正規の軍事教育を受けたオランダ植民地軍の出身者が入隊した。十一月、その国軍への再編にともない、元ペタのスディルマン▲が総司令官になった。

すぐに人民保安軍と人民部隊による連合軍への抵抗が各地で起こった。最大の激戦は一九四五年十月下旬から翌月にスラバヤで起こった。人民部隊を主に共和国側は、「独立か死か」などと呼号し激しく戦い続けたが、多大の犠牲のすえ、撤退をよぎなくされた。けれども、この戦闘により独立が人民から強固な支持をえていることを痛感した英軍は、あとを早くオランダに委ねて撤退することを望み、オランダに共和国との交渉を進めるよう強く促した。また、インドネシア国民の断固たる闘いは国際的な注目を集め、共和国への共感も広まった。

スラバヤの市街戦（一九四五年十一月）

外交交渉

しかし、スカルノ、ハッタを含め多くの政治指導者は武力闘争より、外交交渉で共和国独立の承認を連合軍・オランダに求める方針を選んだ。だが、オランダは「対日協力者」スカルノとの交渉をかたくなに拒否した。この状況下、シャフリルが連合軍・オランダと交渉が可能で、共和国の独立を保持できるのは自分しかないとの強い自負をもち、前面にでてきた。たしかに彼自身は対日非協力者としてスカルノの対日協力を痛烈に批判し、社会主義者ではあれ西洋的民主主義の信奉者であり、オランダからも交渉相手に足るとみなされていた。

彼は対日非協力をとおしたことでえられたプムダの支持を背景に、対日抵抗により拘禁されていたシャリフディンの協力をえて、政権掌握に乗り出した。彼は中央国民委員会を立法議会に変え、その下に内閣にあたる常務委員会をおき、委員長となった。さらに一九四五年十月十四日には、スカルノ大統領内閣を総辞職させ、シャフリル自らが首相、外務大臣を兼任し、中央国民委員会に責任を負う内閣を発足させた。スカルノも外交交渉優先を選択した以上、彼の政治方針を大統領として支えざるをえなかった。

この政権交替は大統領内閣制をやめ、政党活動をとおしての議院内閣制への転換であった。一九四五年十一月三日にはハッタが副大統領布告によって自由な政党結成を促した。これ以前、スカルノは新国家の統一確立のために、日本占領期のジャワ奉公会に倣った国民党一党体制を提案したが、多くの支持はえられなかった。翌四六年初めまでに主要な政党が結成された。シャフリルはインドネシア社会党を率い、かつてのイスラーム組織マシュミ▲をもとに同名の政党も設立され、共産党も再建された。かつてのスカルノの与党国民党もサルトノらにより復活された。

しかし、スカルノはどの政党にも属さなかった。彼の意に反し、大統領の地位は政権交替のさいに組閣担当者を指名する程度で、通常の政治にはかかわれない、儀礼的な国家の代表に変えられたからである。それでもなお、大統領スカルノはこの後何度か訪れる国内分裂の危機において、率先して国民に国内統一を訴え、国民統合を促すカリスマとして不可欠の存在であり続けた。

シャフリルはオランダとの交渉を容易にするためハッタに働きかけ、一九四五年十一月初め、共和国がオランダにたいし、負債の支払いやその投資と所有

▼**マシュミ**　イスラーム政党。一九四五年十一月、日本軍政期の組織マシュミにイスラーム同盟党などが加わり、イスラーム共同体全体を代表する政党として発足した。議会制民主主義期の有力政党として、歴代内閣の首相あるいは主要閣僚を送り出した。五二年に保守派が分裂した。

財産の返還の義務を負うことなどを認めると宣言させた。この交渉路線は、社会革命を叫ぶタン・マラカと彼を支持するプムダの主張する闘争路線と対立した。プムダは政府のオランダの権益を大幅に認める妥協的な交渉方針を批判し、闘争路線支持にまわっていた。彼らは四六年一月、政党、軍などの反外交路線派を広く結集した闘争同盟を組織した。同盟は外交的妥協を排し、「完全独立」「外国資産接収」など七項目の実施を強く迫り、大きな支持をえた。

シャフリル内閣は総辞職に追い込まれたが、スカルノはシャフリルに首相再任を求めた。シャフリルは七項目綱領の一部を受け入れる一方で、政治的かけひきを用いてタン・マラカらを逮捕し、他の主要な政敵も追い落とした。スカルノはシャフリルを一貫して支持した。どんな高い代償を支払ってでも共和国の独立維持を第一とし、そのためにはシャフリルの外交路線こそタン・マラカの革命論よりもなお現実的であると判断したからである。

タン・マラカ　闘いの指針を書いた自著を読んでいる(一九四八年)。

妥協による後退

交渉においてオランダのとった基本方針は、旧東インド領域内に共和国に属

リンガルジャティ協定の調印　右がシャフリル。

さない複数の親オランダ国家を擁立し、それらに共和国とともに連邦国家を構成させ、その連邦とオランダとがオランダ国王をいただく連合国を形成することにより、実質的な支配権を保持するというものであった。むろん、その連合国内ではオランダの経済的活動、権益は従来どおり保証される。オランダはこの方針を、この後両者が結ぶいずれの協定においても一貫して堅持した。

権力をかためたシャフリルはオランダとの交渉妥結を優先し、協定締結を急いだ。一九四六年十一月に交渉地の名を冠するリンガルジャティ協定を結んだ。共和国はジャワ、スマトラにおける実権を承認され、ボルネオ国、東インドネシア国(ほかのすべての外島)とインドネシア連邦共和国を形成し、これとオランダがオランダ女王のもとに連合を形成することとされた。共和国の地位、権限があまりに制限された内容に世論の反発は高まったが、スカルノの了解のもとにシャフリルは中央国民委員会議員を増員して賛成派を多数にし、翌年二月に協定は承認された。

それでも協定に不満なオランダは優勢な軍事力を背景に、共和国の主権を実質的に無効にする要求を次々と繰り出した。シャフリルが妥協の意向を示した

▼**アミル・シャリフディン**（一九〇七〜四八）　共産主義指導者、政治家。北スマトラ出身。パルティンド、グリンド、ガピで活動。日本軍政期に抗日運動を組織、逮捕されるもスカルノらの嘆願で死刑をまぬがれた。独立後、シャフリル内閣の国防大臣、人民部隊を育成。シャフリルとともに社会党を結成するも、分派。首相（在任一九四七年七月〜四八年一月）としてレンウィル協定締結。その後、共産党に合流し、一九四八年マディウン反乱に参加、同年十二月に銃殺。

ことで、与党のアミル・シャリフディン▲が反旗を翻し、一九四七年七月にアミル内閣が誕生した。この混乱を好機に、オランダは協定違反を正す「警察行動」と称して共和国領に第一次軍事侵攻をおこない、ジャワの約半分とスマトラの農園や産油地など経済的利益を生む地帯を占領した。しかし、オランダの侵略は国際世論の反発をまねき、この戦いに国際連合の直接介入をまねくことになった。

国際連合安全保障理事会決議により設けられた三国調停委員会（オーストラリア、ベルギー、米国）のもとで交渉がなされ、一九四八年一月レンヴィル協定が成立した。共和国の領土は独立承認と引き換えに侵略で奪われた領域をオランダに割譲させられ、大幅に縮小した。オランダはその拡大した支配領域に傀《かい》儡《らい》の連邦構成国を建て、その包囲により共和国を圧迫した。シャリフディン内閣は国を売り渡したと批判され倒壊したが、後任の引き受け手がなく、スカルノは非常手段として副大統領のハッタに組閣を求めた。

豊かな食糧と輸出産物の産地をオランダに奪われたハッタ政府は経済危機に直面し、財政緊縮のために過剰な公務員の削減と正規・非正規の膨大な軍の整

共産党を率いるムソ

理・縮減を進めた。この政策が生んだ社会的不満は政治的緊張を高め、反政府派の活動が活発になった。とくに一九四五年末に地下活動から公然活動に転じた共産党は、急進的な社会改革とオランダとの非妥協的な対決を方針として政府への対抗を強めた。かつて一九二〇年代、失敗した蜂起の時の党幹部だったムソが八月にソ連から帰国し、党の指導権を握ると、統一戦線方針により労働者、農民への働きかけを強め、活動は急進化した。

下野したシャリフディンは一九四八年二月に人民民主戦線を結成し、おくめんもなく自ら締結したレンヴィル協定に反対し、ハッタ政府と対立した。彼はさらにムソの率いる共産党に加わった。軍の内部では、かつてシャリフディンが国防相時代につちかった左翼系から、これと真っ向から対立する反共右派までの多様なグループが支持政党とも結び、分裂・対立していた。そのさなか同年九月、人民民主戦線派の部隊が東ジャワのマディウン市で蜂起し、革命政府樹立を宣言した。ムソとシャリフディンも、蜂起の機は熟していないと判断しつつもやむをえず、ハッタ政府を革命理念への裏切り者と非難し、この蜂起に加わった。

九月十九日にスカルノはラジオで、この蜂起を「共和国転覆の試み」と断じ、政府への支持を次のように説いて、国民に求めた。

ムソ指導下の共産党がわが国の権力を握ろうとしている。国民のみなさん。インドネシア独立闘争の名において、私は諸君が選択をしなければならないことを説明したい。インドネシア独立の理念を破壊しようとするムソと彼の共産党に従うか、それとも神の加護をえて、インドネシアの独立とあらゆる抑圧からの解放への道にそって導くスカルノ—ハッタに従うか。

ムソらは、敵にしているのは共和国でなく反動政府なのだと弁明したが、国民の支持はえられなかった。蜂起軍は一九四八年十月末までには国軍により鎮圧された。ムソもシャリフディンもこの間に射殺され、ほかの指導者も逮捕された。この「マディウン事件」により国軍指導者たちは共産主義に「裏切り」の汚名を着せ、こののち敵意を抱き続けることになった。また、政府が共産主義者の反乱を明白に敵と認定し、打倒したことを評価し、米国は共和国にたいし好意的姿勢に転じた。それが以後の共和国の対オランダ関係を有利に導く要因の一つとなった。

▼**ジョクジャカルタ**　一九四五年末には、連合軍とともにやってきたオランダ軍により、スカルノらの生命が危険にさらされる恐れが高まり、政府要人の多くと首都機能が、四六年一月からジョクジャカルタへ移転した。

幽閉中のスカルノ　一九四九年、オランダによる北スマトラ、プラパットに幽閉中に語らうスカルノとハジ・アグス・サリム。

▼**シャフルディン・プラウィラヌガラ**（一九一一～八九）　政治家、マ

円卓協定による主権委譲

マディウン事件後の混乱を利用して、オランダは共和国を粉砕する最後の試みにでた。一九四八年十二月十九日早朝に共和国の首都ジョクジャカルタ▲に空挺部隊を用いて奇襲攻撃をかけ、第二次軍事侵攻（警察行動）を開始したのである。スカルノは緊急の閣議を招集し、対策を協議した。彼は、農村部に退避しオランダに対するゲリラ戦を指令すべきか、ジョクジャカルタにとどまって捕虜となることにあまんじるか、早急な決断が求められ、結局、後者が選択された。

その日の午後、スカルノ、ハッタ、ハジ・アグス・サリム、シャフリルら共和国の要人がオランダ軍にとらえられた。彼らはそののち北スマトラ、バンカ島などに勾留された。この勾留中に、スカルノはシャフリルから自負心を傷つけられるような非難を受け、それが両者の間に決定的な亀裂を生み、のちのスカルノ政府によるシャフリルの逮捕、スイスでの客死にいたる要因になったといわれる。

オランダは、スカルノが国民に抵抗をやめるよう命じることを求めたが、彼

シュミ。西ジャワ出身。革命期に大蔵大臣。一九四八年、全権を委ねられた彼は、西スマトラのブキティンギに共和国臨時政府を設立し、オランダに対抗した。臨時政府は四九年七月に全権をスカルノらに返上した。五八年、外島反乱に加わり、反乱政府の首相となったが、その降伏後六年間服役した。

共和国軍の女性兵士たち

はこれを拒否した。あらかじめ定められた方針にもとづき、共和国はシャフルディン・プラウィラヌガラ▲を首相とする臨時政府を北スマトラに設けた。政府の選択に不満な国軍はジャワの農山村部に後退し、病をおして指揮するスディルマンのもと、ゲリラ戦をねばり強く続けた。そのため、オランダ軍は都市とそれらを結ぶ道路、いわゆる点と線を確保したのみで、戦闘の長期化は避けられなかった。

この状況が、共和国の期待どおり、国際世論を動かし、国連安保理が一九四九年一月にオランダ非難を決議した。米国はゲリラ抵抗が長く続けば共産主義勢力がふたたび共和国内に復活するのではないかと恐れ、オランダにたいし和平を強く促した。オランダはこの国際的圧力と戦争を続行するには力量不足であるとの自覚から、和平政策に転じた。安保理決議にもとづき四九年四月、両国の交渉が始まり、五月初旬両国代表の名をとったルム・ロイエン協定が発表された。オランダは軍事行動の即時停止、共和国要人の釈放、ハーグでの和平会議の早期開催、共和国側はゲリラ戦の停止にそれぞれ合意した。これにより、スカルノ、ハッタら要人は釈放され、七月六日ジョクジャカルタに凱旋《がいせん》した。

円卓協定の調印　右端が協定に署名するオランダ首相ドレース、中央がオランダ女王ユリアナ、左端がハッタ。

▼大統領宮殿　旧オランダ領東インド総督の官邸。共和国独立後、ムルデカ(独立)宮殿の名称で大統領官邸(宮殿)となった。この宮殿の前には広大な広場があり、独立後はムルデカ広場と呼ばれている。スカルノは毎年の独立記念日に、大統領宮殿からムルデカ広場の民衆に向けて演説するのをならわしとしていた。

一九四九年八月に、共和国とレンヴィル協定により設立された連邦構成国、オランダが参加して、和平のための円卓会議がオランダのハーグで開始された。十二月二十七日、円卓会議にもとづく協定が調印され、インドネシア連邦共和国に主権が委譲された。だが、インドネシア側はほかのことは少々犠牲にしてでも主権委譲の確定を優先させたことにより、多くの不利な譲歩をしいられた。オランダ資本による主要経済事業の継続、接収した外国資産の返還、膨大な植民地政府の債務(大部分は共和国攻撃に使われた軍事費)の継承などに合意させられた。本来含まれるべき領土西イリアンの帰属は一年以内の協議に委ねられた。スカルノはインドネシア共和国と連邦共和国の大統領をかね、首相にはハッタが就任した。スカルノは四九年十二月二十八日民衆の歓呼のなか首都ジャカルタにもどり、大統領宮殿▲の前に立ち宮殿前広場の民衆の歓迎にこたえた。

⑤—国家統合への苦闘

分裂の危機

連邦共和国は短命だった。連邦構成国はインドネシア共和国の働きかけもあり、連邦成立後すぐに次々と自ら解散し、共和国に合体した。一九五〇年八月大統領スカルノが五回目の共和国独立記念日演説で単一インドネシア共和国発足を宣言した。唯一の抵抗は南マルク共和国の分離独立宣言だが、それも同年中には平定された。共和国は連邦共和国憲法をほぼ引き継いだ暫定憲法により、議会制民主主義にもとづく議院内閣制を定め、この体制は五七年まで続いた。

議会を構成する政党は乱立したが、おもなものは革命期からのマシュミ、国民党、社会党であった。当初最有力だったマシュミは、一九五二年に保守系イスラームのナフダトゥル・ウラマー▲(略称NU)が分派したことで、相対的に弱まった。これに、五〇年に再建された共産党が加わった。共産党は少々異なるが、どの政党も党員がイデオロギーや理念だけでなく、指導者との公的・私的な利害関係の連鎖でつながる組織であった。それらはおのおの政府・公共機関

▼**ナフダトゥル・ウラマー**　独立後に成立した政党マシュミに加わっていた同名の社会団体(前出)が、一九五二年に分かれて設立した保守派イスラームの政党。

▼六内閣五人の首相

期間	首相	政党
1950.9~51.3	ナシール	マシュミ
51.4~52.2	スキマン	マシュミ
52.4~53.6	ウィロポ	国民党
53.7~55.7	アリ・サストロアミジョヨ	国民党
55.8~56.3	ハラハップ	マシュミ
56.3~57.3	アリ・サストロアミジョヨ	国民党

のいずれかを人的・資金的に私物化し、政策遂行よりも党利党略を優先した。議員は暫定的に総選挙でなく政党指導者間の交渉で決定された。政府は多党連合で形成され、五〇〜五七年の間に六内閣五人の首相▲が交代したように安定を欠いた。

一九五〇年の共和国の再出発の時期、今後の政治目標をどこにおくかに関して、大きく分けて二つの考え方があった。一つは、独立達成により革命は終わり、革命期に破壊された国民生活の再生を最優先すべきというものである。他方は、円卓協定により経済はまったくオランダの支配下におかれ、西イリアンもいまだ共和国の主権下になく、これらを回復するまで革命は終わらず、継続すべきという主張である。ふたたび副大統領となったハッタは前者の立場であったが、スカルノと左派勢力は後者の側であった。

当初の諸政権はほぼ前者寄りで、マヒした経済活動の再生のためには当面オランダ企業や外資に依存するのもやむをえないとし、西イリアン問題を含め、オランダとの協議をとおして徐々に問題解決をはかる方針をとった。しかし、経済的利益の多くが外国資本に吸い上げられる一方で、土着資本は弱小のうえ、汚職・腐敗の蔓延《まんえん》がその活動を妨げるなど、国民経済の再建はまったく進まなかった。

さらに、一九四九年に西ジャワで始まり、南スラウェシ、アチェと続くイスラーム国家樹立をめざすダルルイスラーム系の反乱▲が六〇年代前半まで続き、治安を乱した。また、外島の輸出品産地を中心に、その国庫への貢献に比して配分される予算が過少であり、開発もジャワのあとまわしにされているとの不満が高まり、独自収入をえるための密輸を拡大したことも、中央政府の財政を圧迫した。

この時期のいずれの政府にとっても緊急の課題は軍の独立革命期に膨らんだ過剰人員の整理と、訓練・技術・装備などあらゆる面での高度化・合理化であった。円卓協定により、共和国軍は旧オランダ植民地軍将兵を受け入れることを義務づけられた。これにより、共和国軍はさらに人員過剰となったうえに、つい先日まで敵であった将兵が一つの組織を形成することになったのである。当然、軍内にはこれによる対立、同時に合理化政策による昇進や整理対象などの思惑をめぐる派閥抗争が生じ、さらには政策実施の方針・方法にかかわって

▼ダルルイスラーム系の反乱　パンチャシラにもとづく国家を否定し、「イスラーム法にもとづく国家」をめざした反乱。西ジャワの反乱(一九四九～六二)の指導者はカルトスウィルヨ(一九〇五～六二)、南スラウェシの反乱は(一九五〇～六五)はカハル・ムザカル(一九一九～六五)、アチェの反乱(一九五三～六二)はダウド・ブレエ(一九〇〇～八七)によってそれぞれ導かれた。前二者はそれぞれ指導者の共和国軍による逮捕、射殺で鎮圧され終わった。アチェでは中央政府が、一九五九年に自治権などを有する特別州の地位を許すなどの妥協策を講じたすえ、六二年にブレエらが降伏して終わった。

スカルノ(左)**とアリ・サストロアミジョヨ**(右)　協力してバンドン会議を成功させた。

政府とも対立した。この軍内の複雑な対立により軍中央も混乱し、その統制が地方にまで十分におよばず、各地の師団が軍閥化を強めた。それらも部隊維持のためとして、上記の密輸出を積極的に展開した。

アジア・アフリカ会議（バンドン会議）

西イリアン問題に関して、歴代政府は円卓協定にもとづき協議を求めたが、オランダはその領有に固執し、問題解決の見通しはえられなかった。憲法で大統領は国政にかかわる権限のない儀礼上の元首と規定されたにもかかわらず、スカルノはその制約をしばしばこえて、オランダから全領土が解放されるまで民族革命は終わらないとして、西イリアン解放闘争の必要を訴えた。この状況の打開のため、一九五四年アリ・サストロアミジョヨ首相は従来の政府方針を変え、国連がこの問題の協議をオランダに促すことを求めるための提訴をした。これはインドなどの支持によりかたちを変えて総会に提案されたが、賛成は過半数をえても三分の二に達せず、その目的ははたせなかった。しかし、この問題が単なるインドネシアの利己的な領土要求ではなく、反植民地主義の徹底的追求であることが、国際的に広く認知されるようになった。

また、アリはこの反植民地主義の立場から、共和国の「自由で積極的な外交」方針にもとづき、一九五五年四月、アジア・アフリカ（ＡＡ）会議▲をバンドンで主催した。アジア、アフリカの二九カ国がこの会議に参加した。スカルノはこの会議の意義に触れた開会演説の冒頭で、この会議は「人類史上はじめての有色人種の国際会議」であると指摘した。そして、われわれは何世代にもわたって、声を出せず、無視され、自己のことを他者によって決定されてきたのであり、それゆえ独立のために決起し、闘い、独立をかちとったという共通性を述べる。さらに独立とともに、われわれにはこれを守り広げる責任が生じ、いまだ解放されていない人々のために植民地主義と戦い続けねばならないだけでなく、自由と独立を脅かす戦争を防ぎ、平和の維持のために努めねばならないと強調した。

最終コミュニケでは、反植民地主義、経済・文化協力、民族自決の尊重、平和の推進などの諸項目が確認された。この会議は東西両陣営のいずれにも属さない第三世界の形成を促し、インドネシアの国際的威信を高めた。アリ首相と

▼アジア・アフリカ会議　バンドン会議、ＡＡ会議ともいう。一九五五年四月十八～二十四日。アジア・アフリカの旧植民地諸国が独立後アジアではじめて開いた国際会議。アリ首相の提案を契機に、東西緊張緩和の推進などを目的としてアフリカ六カ国を含め二九カ国が参加した。反植民地主義、ＡＡ諸国の連帯、平和共存などが論じられ、主権平等や民族自決権などを重んじる平和十原則を採択した。国際社会に第三勢力の出現とその存在を無視できないことを明示した。

総選挙キャンペーン　林立する各党の宣伝看板。

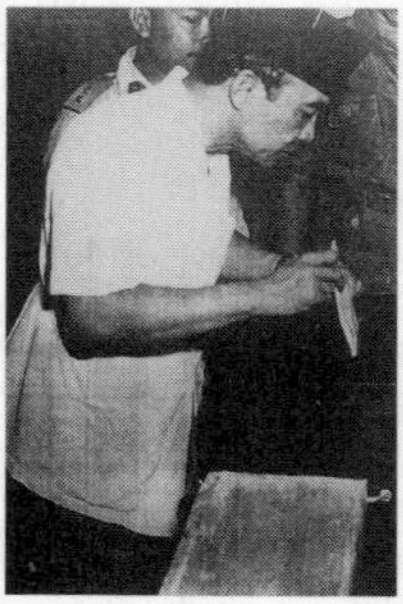
一票を投じるスカルノ

ともに主役を演じた大統領スカルノは、出席した周恩来《しゅうおんらい》、ネルー、ナセルらとともに第三世界の指導者として、その後さらにティトーを加えた非同盟運動の推進者として、こののち国際的に名を馳せることとなった。

一九五五年総選挙

単一共和国発足当初からすべての政権が課題としていた総選挙が、この会議に続き一九五五年九月やっと実施された。この総選挙は政治的安定への期待を担っていたが、国内分裂を再確認しただけに終わった。票は二八の政党に分散し、得票率一六〜二二%の間に、それの高い順に国民党、マシュミ、NU、共産党が並んだ。都市の知識人層を主たる支持者としていた社会党は、わずか二%にとどまり、退潮が著しかった。スカルノは有力政党間に明白な優劣がつき、弱小政党が完全に消滅することを望んだが、期待は裏切られた。さらに政党支持の地域的偏りの強さも鮮明で、マシュミが外島と西ジャワとで支持を集めたのにたいし、ほかの主要三党だけでジャワ人が多数の中・東ジャワにおいて二五七議席中あわせて一四一議席をえた。これが、中央政府と、かねてよりその

▼アイディット（一九二三〜六五）　共産主義政治家。一九五〇年代から六五年まで、インドネシア共産党の最高指導者。五三年から書記長として大衆路線をとり、党の躍進を導いた。のちのナサコム体制下では、本来のイデオロギーを抑制し、民族主義的傾向を強めてスカルノを支え、党勢をいっきょに拡大した。九月三十日事件後、中部ジャワに逃れたが、まもなく逮捕、射殺された。右がアイディット、左がスカルノ。

ジャワ偏重に不満を募らせていた外島との対立を大きくした。同年十二月には、正規憲法制定を任務とする制憲議会の選挙もおこなわれたが、結果は総選挙と同じく四大政党の並立、政教分離派とイスラーム主義派の拮抗状態となり、成果は期待しえなかった。

これらの選挙における共産党の躍進は著しかった。同党はマディウン事件後も非合法化されることなく細々と命脈を保ち、党内の路線争いをへて、一九五〇年代初めに再浮上した。若き指導者アイディット▲が党政治局を掌握し、五三年に書記長となった。彼はインドネシアの現状を「半植民地・半封建」と規定し、主要標的を植民地主義の遺制と定めた。階級闘争ではなく、民族ブルジョアジーを含む諸階層と協力する民族統一戦線路線をとり、国民党に接近した。

さらに、共産党はスカルノとの関係改善をはかり、彼の政治的主張への同調を明確にした。それゆえ、同党は反植民地・帝国主義のイデオロギーに民族主義を加え、オランダ企業の接収や西イリアン解放などを訴えた。民族統一戦線路線を踏まえ、同党は労組の連合組織ソブシ、人民青年団、農民戦線など大衆組織の強化を進め、女性運動組織ゲルワニも事実上その支配下においた。共産

中国訪問時の毛沢東による歓迎
右手前がスカルノ、左隣が毛沢東。

党と同様に、ほかの諸政党も女性や青年を含む大衆組織の設立に努めた。長々続いた総選挙のキャンペーンでは、各党がそれらの大衆組織を動員して激烈な競争を演じた。この選挙戦をつうじてイデオロギー的、宗教的な対立が村々や集落にまで持ち込まれ、支持政党ごとにそれらが対立し、社会に深い亀裂を残した。とくに、イスラームと共産主義との溝がこれにより深まった。

スカルノは一九五六年五月から十月にかけて、米国、ソ連・東欧、中国をそれぞれ訪問し、米国での冷淡さに比べ共産圏では好意的な歓迎を受けた。とくに中国では毛沢東《もうたくとう》体制による国家統一におおいに刺激され、こののち容共的姿勢を強め、左派勢力との密接な関係を結ぶことになった。その仲介には五三年に結婚した第二夫人のハルティニ▲が働いたとされる。彼女はジャワ人の既婚者であったが、二八歳で離婚後すぐにスカルノと結婚した。こののちのスカルノの政治活動にはそれまでみられた、重大な決断を前に躊躇《ちゅうちょ》する傾向が消えるが、ハルティニの精神的支えとあと押しがこれを可能にしたといわれる。

▼ハルティニ（一九二四〜二〇〇二）　スカルノの第二夫人、東ジャワ出身。この結婚への不満から大統領宮殿をでて別居したファトマワティと、多妻婚に抗議する女性団体や国民の声に配慮して、スカルノはハルティニをボゴール宮殿（大統領別邸）に住まわせ、ファースト・レディの地位を与えなかった。だが、彼は政治的に重要な国内外からの多くの賓客を頻繁にボゴールへまねき、ハルティニはここで事実上のファースト・レディの役割をはたした。スカルノが不遇のなかで病に倒れたあとも、つねに彼のそばにいて世話をした妻は彼女のみであった。

スカルノとハルティニと二人の息子

▼指導される民主主義　後述の「政治宣言」(マニポル)では次のようにも述べられている。一九四五年憲法はインドネシア民族のアイデンティティを真に反映している。わが民族は「古代以来、長老という中心的権威の指導をえて、ムシャワラとムファカットにもとづく政治システムを有してきた。長老は命じるのではなく、導き、保護した。インドネシアの民族主義は古代以来指導される民主主義である」。スカルノがこの民主主義観を、本格的な政治活動の開始期から事あるごとに主張してきたのはこれまでみてきたとおりである。

「政党を葬れ」

スカルノは総選挙の約半年後、議会に分裂を生む「五〇%プラス一の民主主義」を避けるよう求め、一九五六年十月には分裂の原因は「地方病」と「政党病」だとし、とくに後者に関し、「政党を葬れ」と訴えた。彼は、競争的政党と多数決による西洋的議会制民主主義は分裂的でインドネシアの政治文化と調和せず、望ましいのはインドネシア民族の個性に調和した「指導される民主主義▲、指導者をもつ民主主義である。この民主主義は指導されはするがなお民主主義である」と主張した。これは前述の村落民主主義と、英知をもつ保護者・父親の導きに家族成員が従うというジャワの家父長主義の伝統における父親・指導者論との融合にもとづく論であるとみなされている。

その後まもない一九五六年十二月初め、半年前から辞意を表していた副大統領のハッタが辞任した。彼は理由を明言しなかったが、その背景にはスカルノの容共姿勢・対共産圏接近と議会制民主主義の否定への批判があったのは確かである。これを機に国内分裂がさらに進んだ。彼はスマトラ出身であり、正否はともかく外島の利益擁護者とみなされていた。五六年末から翌年三月にかけて、スマトラとスラウェシの師団が自治拡大などを要求し、評議会を設け地方政府を接収した。これにたいし、スカルノは陸軍参謀長ナスティオン▲の助言で戒厳令を施行した。当初はスマトラの反乱地域のみを対象としたが、反乱がスラウェシ、東インドネシア一帯におよんだ五七年三月、それを全国に拡大した。これにより、評議会を設置した師団の師団長をその地方の戒厳令執行官に任命することで、その地方を当該師団の軍政下におくことを合法化した。これで表向き反乱（状態）はないことにされたが、実質的に反乱は継続した。また、この間の協力によって、スカルノと軍、とくにナスティオンとの関係が強まった。

スカルノはさらに国政への介入を強め、一九五七年二月、かねて公表を予告していた目下の危機克服のための構想を全政党指導者の前に提示した。それは、共産党を含む四大政党から成るゴトン・ロヨン内閣の設立と、職能集団代表▲、地方や政党の代表、閣僚等から成る大統領への助言のための国民評議会設立の提案であった。そのねらいは、社会を構成する職能集団代表のほうが、政党代表よりも民意をたしかに反映できるという論拠から、彼らを国政機関に参加させ、政党の力をできるだけそぐことにあった。国民党と共産党はこれを受け入

▼ナスティオン（一九一八〜二〇〇〇）　軍人。北スマトラ出身。バンドンの士官学校から植民地軍をへて、独立後、国軍へ入隊。一九五〇年、陸軍参謀長に就任。五二年に国軍合理化に反対し、解任。五五年に再任（〜六二）後、国防治安大臣をかね（一九五六〜六六）、スカルノに協力して、外島反乱を鎮圧。ナサコム体制を支えた。九月三十日事件では難を逃れたが、事件後は陸軍の主導権をスハルトに奪われ、暫定国民協議会議長（在任一九六六〜七二）に祭り上げられた。スハルトの強権支配には批判的で、八〇年、これに反対する著名人の「五〇人グループ」の声明に名を列ねた。

▼職能集団代表　社会を構成する諸種の職業のグループや機能をもつグループなどの代表。その職能には、労働者、農民、知識人、青年、女性、宗教者、軍、地域などがあげられる。

▼**ジュアンダ**(一九一一～六三)　政治家、無党派。西ジャワ出身。独立後から歴代内閣の多くで運輸大臣などを務める。スカルノは彼を無党派かつ親スカルノであったことから重用した。この内閣(一九五七～五九)は超党派の専門家を多く閣僚に起用した。一九五九～六三年の間は、スカルノの大統領内閣のなかで筆頭大臣、財務大臣を務めた。

れたが、ほかの諸政党、とくにマシュミはこれが共産主義派のなおいっそうの勢力拡大につながることを恐れ、全面的に反対した。

外島の反乱

一九五七年四月、スカルノは憲法を超越した政治介入をさらに強め、自ら組閣者となってジュアンダ▲を首相とする超議会内閣をつくった。この内閣のもと、スカルノは念願の西イリアン解放政策を強硬方針に転換した。一九五六年に第二次アリ内閣がオランダ・インドネシア連合を解消し、オランダに負わされた債務返還も拒否していたが、オランダ企業の活動はなお許していた。十一月末、四度目の西イリアン問題の国連提訴が不調に終わると、この後、政府は銀行、海運会社、農園などオランダ企業の接収を続け、国有化を進めたのである。

だが、例えば海運会社がいっせいに船を避難させたため群島内の輸送がほとんど麻痺するなど、オランダ側の対抗策により共和国経済は大きな混乱と不振に陥った。それでも、これは国民の関心と軍のエネルギーのはけ口を外へ向かわせることになった。さらに接収企業の経営の多くは陸軍に委ねられ、この強大な経済的権益がこののちの軍の勢力拡大の基盤となった。

この間、外島の反乱勢力は中央政府と改革要求の交渉を続けたが、満足できる譲歩はえられなかった。一九五七年十一月末にはスカルノへのイスラーム過激派による爆弾テロも起こった。五八年二月、反乱側は、ハッタ内閣設立などを求めた最後通牒《つうちょう》を政府に突きつけた。これを拒否された反乱側は、ブキティンギにシャフルディン・プラウィラヌガラを首相とするインドネシア共和国革命政府▲を樹立した。副首相にナシールがついたように、この政府にはマシュミや社会党の指導者の一部も加わった。スカルノは武力行使に踏みきった。米国が石油利権の確保と、共産圏に接近し左傾化するスカルノの排除をねらいとして、武器供与を含め反乱派を支援した。この分裂の危機は逆に国家統合強化の方向に働き、ハッタらスカルノに批判的な有力指導者も中央政府支持に動いた。反乱派の抵抗はさほどの流血もなく六一年十月まで続いたが、すでに一九五八年末には中央政府の勝利は明白であった。

これとほぼ同時期に、日本からインドネシアにたいする太平洋戦争の賠償が開始された。一九五八年一月、両国の平和条約、賠償協定が調印され、四月に

▼**インドネシア共和国革命政府**　ブキティンギに樹立。ナシールなどマシュミや社会党の幹部も参加した。この反乱は名称が示すように、国家からの分離ではなく改革をめざしていた。スマトラでの反乱に呼応するように、東部インドネシアでも反政府運動が広く展開され、政府はこれにたいしても一九五七年三月に戒厳令で対処していた。この二つの反乱はしばしば一体的に捉えられ、前者と後者おのおのの略称をあわせてPRRI／Permesta と総称される。

ナシール（一九〇八～九三）

発効した。この賠償の交渉とその後の実施過程において、スカルノおよび岸首相をはじめ、両国の政治家、関係企業の汚職・裏取引が横行した。さらに、賠償利権をねらう日本企業が情報獲得や仲介を期待して、数人の日本人女性をスカルノに紹介し、インドネシアに送り込んだ。そのなかでデヴィ・ラトゥナ・▲サリと名乗った根本七保子はとくにスカルノに寵愛され、六二年に第三夫人となった。しかし、この急ぎ決められた日本の賠償も、オランダ企業国有化が起こした経済の悪化を改善に導く効果はなかった。

▼デヴィ・ラトゥナ・サリ（一九四〇〜　）　東京出身。旧名根本七保子。第三夫人となってから、海外には多く彼女が同行し、ファーストレディ役を務めた。彼女はジャカルタ市内に広大な屋敷を与えられた。ヤソオ宮殿と称され、スカルノが健在であった間は、日本をはじめ内外の多数の賓客との会談、交渉、交流の場としてにぎわった。現在は軍事博物館に転用され、公開されている。彼女はスカルノが大統領の座を追われる前に出産のため日本に滞在し、彼の死の前日にもどった。その後フランス、ついで日本に移った。写真は周恩来を迎えるスカルノとデヴィ。

制憲議会での一九四五年憲法への復帰提案の賛否を表示するボード
賛成二六四、反対二〇四、賛成が三分の二に達せず、否決。

⑥—指導される民主主義

一九四五年憲法への復帰

反乱派にたいする勝利はスカルノの立場を強化した。彼はナスティオンの提言をえて、指導される民主主義を実行に移した。制憲議会は一九五五年選挙以来、国家の根本的体制をイスラームとパンチャシラのいずれにすべきかで対立し、正規憲法を定められずにいた。五九年四月、スカルノは制憲議会に正規憲法を定めることにかえて、大統領に強大な権力を認める一九四五年憲法への復帰を提案した。制憲議会は三度にわたり賛否をはかったが、いずれも賛成は過半数をえても、可決に必要な三分の二には達しなかった。最終的に五九年七月五日、彼は大統領布告で一方的に制憲議会の解散と一九四五年憲法への復帰を宣言した。

指導される民主主義が開始された。一九五九年七月九日、彼はこの四五年憲法にもとづき、自らを首相、ジュアンダを筆頭大臣とする「実務内閣」と称した大統領内閣を組織した。同月二十二日には、五日の布告で予告した暫定国民協議会と最高諮問会議の構成を布告した。前者の発足は翌年になるが、後者はこのあと早々に発足し、大統領の諮問にこたえ、勧告もすることを任務とし、スカルノを議長に、共産党を含み、マシュミを除く政党代表、職能代表、地方代表などの四六人より形成された。議長スカルノが大統領スカルノの諮問にこたえ、勧告するという、まことに都合の良い機関である。

革命の再発見

スカルノは一九五九年の独立記念日演説「わが革命の再発見」でこの体制への変換の必要性を主張した。インドネシア民族革命の精神と原則は一九四五年憲法に込められており、それへの復帰こそが円卓協定という妥協の結果により生じた革命からの逸脱を正して、革命精神の再生を可能にするのである。革命は始めれば、その理念の実現まで続けるのが鉄則である。この革命の最終目的は公正にして繁栄する社会の実現である。この革命は通常は何世代もかけて為されるべき多様な革命、つまり政治的・経済的・社会的・文化的などの諸革命から成っており、それを一世代のうちにおこなおうとするものである。指導される民主主義こそがこの複雑多岐な革命を達成できるのである。

この演説をもとに最高諮問会議が「政治宣言」(マニポル)を作成した。その内容はあらためて、五つの語句、つまり一九四五年憲法、インドネシア式社会主義、指導される民主主義、指導される経済、インドネシア民族の個性、に要約された。これはそれぞれの頭文字をとりウスデク(USDEK)と略称され、政治宣言と一体化され、マニポル・ウスデクと称された。さらに、諮問会議はこれを革命の基礎定義と位置づけ、国民にその理解を広めるために学校内外でこれを学習することを義務づけた。また政府をはじめすべての政党、大衆組織、国民個々がこれを革命の総合計画として受容することも義務づけた。

しかし、彼が大統領令で次々と立法措置を講ずる事態に直面し、これに反対するマシュミや社会党などが大統領の立法権制限に動き出した。その対立は一九六〇年予算案をめぐり尖鋭化し、国会は政府案を否決した。これにたいしスカルノは、六〇年三月初めこの民選国会の解体を命じた。マシュミなどいくつかの政党勢力はさらに民主主義連盟を形成し、大統領の国会解体の合法性を否定し、民選議会制維持に向けて結束した。連盟は反共産党の色合いも濃く、スカルノと彼を支持する共産党などとの対立が尖鋭化した。その最中、オランダが西イリアン防衛の強化方針を明らかにしたことで、インドネシア国内はスカルノ、共産党に同調する民族主義が高揚し、連盟の勢いがいっきょにそがれた。

権威主義体制

スカルノは大統領令を連発して反対派を排除する政策を次々と実行した。一九五九年末には政党の存立要件を厳しくして弱小政党を「整理」した。続いて翌年一月には、国家・政府を支持しない、あるいは反乱に加担した党員を追放しない政党を禁止する権限をえて、それにより六〇年八月にマシュミと社会党、また民主主義連盟を禁止し、それらにかかわる新聞等を発禁処分にした。その前の六月、すでに彼は政党代表一三〇人、軍人を含めた職能代表一五三人の議員から成るゴトン・ロヨン国会を設置していた。九月には国権の最高機関である暫定国民協議会を全国会議員と職能代表六一六人の議員で発足させた。これら議会はいずれも大統領の任命議員から構成され、翼賛議会としてスカルノの支配を支えた。また、スカルノは軍を職能代表に加えたことで、軍に実際の政

一九六四年にむかえる設立四五周年を宣伝する共産党の看板　スカルノをはさんで右へアイディット、レーニン、スターリン、左にマルクス、エンゲルスを並べるという異様な配慮をしている。

治に参加する権利を公認し、こののち軍が支配的政治勢力となる道を開いた。

一九六〇年十一月、暫定国民協議会は、マニポル・ウスデクを開発八カ年計画などとともに「国策大綱」とした。この会期の協議会で同時に、スカルノは「暫定国民協議会全権受託者」とされ、「革命の偉大な指導者」の称号も与えられた。大統領スカルノは人民の主権をも一身に体現する権力者となった。いずれの政治勢力もスカルノが提唱し、マニポル・ウスデクで公式化された革命の論理・解釈を受け入れ、それに従わなければならない体制がつくり上げられた。それは、多くの重要政策が大統領決定・大統領令で実施され、国権とイデオロギーをスカルノが一手に握り、すべてがスカルノの権威に依存する権威主義体制であった。

この体制下で国軍、とくに陸軍は主要な政治勢力となった。スカルノにこの体制への移行を勧めたナスティオンは、軍は国家の生存のために軍事だけでなく、民政でも役割をはたす二重機能をもつと考えていた。スカルノは軍の政治参入を認めることで政党を弱体化できたし、さらに外島反乱の鎮圧、西イリアン解放のために武力を必要とした。両者は相互の便宜により同盟した。外島の反乱鎮圧の戦略として一九五八年三月から全国に敷かれた戒厳令は、軍に人事を含め地方行政への大幅な介入を許した。また、軍は国有化した旧オランダ企業の経営でえた資金を活用し、懸案の合理化、近代化を進め、早期に反乱派を圧倒し、内部の不満を鎮めることができ、統一も完全ではないにしろ相対的に強まった。

だが、自身の勢力基盤を欠くスカルノには、本来保守的で物理的力を有する軍は潜在的脅威であり、これに対抗できる強力な支持勢力をもつ必要があった。彼はそれを共産党に求めた。彼は政党の存立・活動を規制し、すべての政党にマニポル・ウスデクの革命イデオロギーの受容を強制してきた。一九六一年、彼は国民党など民族主義系四党、NUなど宗教系五党、共産党の計一〇党のみに存続を認め、この三潮流に民族の個性であるゴトン・ロヨン原理にもとづく協力と彼への支持を促すナサコム体制▲をあらためてしいた。なかでも、共産党は本来のイデオロギー上の目標を抑制しても党勢拡大を優先させ、積極的に彼の民族主義的な反帝・革命路線に同調・協力し、体制を支える片翼を担った。

▼ナサコム体制　民族主義(Nasionalosme)、宗教(Agama)、共産主義(Komunisme)の頭の部分をつなげた略称。このナサコムにおける三潮流の団結・統一の強調は、一九二六年の論文における主張との共通性を考えさせるが、二六年論文の主張が独立という理想実現のための絶対的必要性からであったのにたいし、ナサコムはたぶんにスカルノ自身の権力維持の手段としての統一の主張と考えられる。

人民の代弁者

スカルノをこの体制構築に走らせたのはなにか。一九六三年の独立記念日の演説で彼は次のように熱く語っている。

毎年八月十七日の集会で……私は対話をしている。誰との対話か。人民との対話である。私と人民との直接の対話であり、私自身ともう一人の私との対話である。人間スカルノと人民スカルノとの対話であり、ともに闘う者同士の対話である。本来は一人である二人の仲間の間の対話である。……この八月十七日の演説を準備するたびに、ただちに私はなにかに取りつかれたようになる。……八月十七日の演説は私にとって諸君との対話でなければならないからである。八月十七日の演説はまさにあばら家に住む諸君、作業場で働く諸君、田畑を耕す諸君、こうした自らの口で語れない諸君を代弁しなければならないのである。

ここで、スカルノは「人民の代弁者」であると自負している。のちに彼は自伝で、自分が独裁者であることを否定し、「独裁者は王座から統治し、人民の中にはいない。スカルノは人民なのだ」とまでいい切った。この人民との自己同一化は人民の代弁者という自己認識とかさなる。一九六〇年代、彼は暫定国民協議会から与えられた名誉ある呼称よりも、この「人民の代弁者」という自称のほうを好んで用いたといわれる。

スカルノにこの体制構築を推進させたのが、この「人民の代弁者」であるという自負である。自分こそがものいわぬ大多数の人民の意志を明確に知ることができ、それゆえにそれを代弁し、指導者として実践しなければならないと自認している。その人民の意志は「公正にして繁栄する社会」を望んでおり、その実現は革命によってのみ可能である。スカルノはこの体制こそが、人民の意志にそい、自らその革命を指導し、達成しうるものであると考えたのである。

一九五〇年、スカルノはあらためて単一共和国の大統領に就任したが、憲法上は政治的実権のない、単なる儀礼的な国家の首長にすぎなかった。しかし、彼は独立記念日の演説などで、政府の政策におかまいなく、西イリアン問題などで国民をあおるなど、その権限を逸脱することが多かった。その越権行為は五五年総選挙のあとにとくに顕著になった。こうした彼の行動は、あたかも自分を憲法上の大統領としてではなく、それとは別の権限をもつ者の振る舞いのようであった。振り返ってみれば、それはいまだ自称はしていなかったが、すでに人民の代弁者として革命指導者の任を人民から付託されているという潜在的な自己認識をもち、それにもとづいての行動であったと推測される。

だが、彼のいう人民はあくまでもスカルノが「こうであるはず」「こうでなければならない」と考える人民である。この「スカルノの人民」が「現実の人民」に支持されているかぎり、体制の正当性は保証され、安泰であった。

西イリアン解放

端的にいえば、スカルノの革命の継続とは大衆動員による反帝国・(新)植民地主義闘争の展開であり、当面は西イリアン解放の闘いの継続であった。彼は一九五六年以来毎年外遊し、支持を求めて外交活動に努めた。インドネシアはその大義において、盟友である非同盟諸国だけでなく、ソ連、中国からも支持された。六〇年八月、戦力を増強するオランダと断交し、対決姿勢を強めた。国内では民族革命遂行と西イリアン解放を目標に掲げた国民運動推進のための国民戦線が組織され、大衆集会やデモが全国的に展開された。

一九六一年、オランダは西イリアンの統治を国連に委ねる信託統治案を提起した。これに反発したスカルノは西イリアン武力解放を呼号し、十二月、自らを司令官とする西イリアン解放最高作戦司令部を設置し、国民に総動員に備える指示を発した。翌年一月には西イリアン沖で小規模な戦闘も起こった。全面的な武力衝突を恐れた国連、ついで武器供与などをつうじたソ連・中国との関係強化を恐れた米国が調停を進め、八月に西イリアン協定が成立した。まず国連に施政権を移し、それは六三年五月にインドネシアに移管されるが、後者は六九年までに住民の意思確認▲をおこなう、と定められた。

この協定成立の時点で、西イリアンのインドネシアへの帰属は確実になった。この頃がスカルノ体制の絶頂期であった。その体制の安定は、対立しながらこれを支える陸軍と共産党の二大勢力間の均衡維持にかかっていた。反乱鎮圧、西イリアン闘争は当然軍の勢力を増強した。スカルノはそれをそぐために、ナスティオン陸軍参謀長を実権のない国軍参謀長に棚上げした。一九六三年五月初めには、西イリアンの施政権移管にともない戒厳令を解除し、軍が政治問題に自由裁量で対処できないようにした。同月十八日、暫定国民協議会はスカル

▼住民の意思確認　一九六九年、住民投票がなされ、その結果、西イリアンのインドネシアへの帰属が確定し、二六番目の州イリアンジャヤとされた。その後、二〇〇二年パプア州に改名され、翌年そこから西イリアンジャヤ州が分離し、それも〇七年に西パプア州と改名された。

西イリアンに国連旗と並んでインドネシア国旗を掲揚（一九六二年十二月三十一日）

第一回非同盟諸国首脳会議　米ソ首脳に対し冷戦緩和を呼びかけた。左からネルー、ンクルマ、ナセル、スカルノ、ティトー(一九六一年)。

ノに「終身大統領」の地位を与えた。これは、彼が国家の最高権力者の地位に生涯あり続けることであり、体制は盤石なようにみえた。

マレーシア対決

西イリアン問題の決着により、スカルノの革命の名目はほぼつきた。この時期、多くの人が、破綻した財政、崩壊した経済の再建に政府が取り組むと期待していた。スカルノも一時的にそれにこたえるかにみえた。しかし、革命のロマンに取りつかれた彼には、陣頭に立って指揮する「革命闘争」でない経済問題は役不足だった。新たな革命の大義を求めた彼は、それをマレーシア問題に見出した。一九六一年にマラヤ連邦、シンガポール、英領北ボルネオ、ブルネイ(最終的には参加せず)から成るマレーシア連邦の形成が表明された当初、スカルノは特別な言及をしなかった。だが、翌年末、連邦に反対するブルネイでの反乱が失敗したあと、この反乱派への共感がインドネシア内で広まった。すると、彼は、マレーシアは英国による新植民地主義の産物であり、それが反帝国主義・(新)植民地主義の先鋭であるインドネシアを包囲・圧殺しようとしており、その設立を許してはならないとして、対決政策をとることを表明した。

そののち、妥協を模索する動きもあったが、一九六三年九月にマレーシアが成立すると、インドネシアはマラヤ連邦と断交し、共産党の主導する民衆デモが英国大使館を焼き討ちした。スカルノは公式にマレーシア「粉砕」闘争にはいることを表明した。この粉砕闘争を、共産党はそのイデオロギーから積極的に支持し、多くの大衆集会やデモ行進に支持者を動員し、英国系企業の接収へと導いた。同年初めに示唆された予算の削減を回避できる軍も表向き異存はなかった。軍は陣容を整え、義勇兵を装った小規模なゲリラによるマレーシア領内への侵入、攻撃を繰り返した。しかし背後では、対決政策が共産党の勢力拡大を促すことを危惧し、陸軍が対決回避の道をひそかに模索▲していた。

スカルノの目論みに反し、この闘争には西イリアン問題と異なり、西側諸国はもちろん非同盟諸国の支持もほとんどえられなかった。新興国や非同盟勢力のリーダーを自認し、大国間外交をたくみに利用して高められたスカルノの対外的威信は急速に低下した。一九六四年末マレーシアが国連非常任理事国に選出されると、翌年一月初め彼は国連脱退を宣言した。インドネシアの国際的孤

▼対決回避の道の模索　この闘争が共産党の勢力を拡大させることで軍への脅威がますとの判断から、対マレーシア軍事作戦を指揮していたスハルトは、ほかの陸軍首脳の同意をえて、ひそかにマレーシア、英国と接触し、和平の道を探ろうとした。

立が深まった。そのなかで、いまだ国連加入を認められていなかった中国がこの脱退を熱烈に支持した。それにより、スカルノの中国との連携は決定的となった。

深まる国内対立と高まる危機

国内では経済悪化がさらに進んだ。連年の財政赤字を通貨の乱発で補ったため、年一〇〇%以上の統制不能なインフレーションが進行した。西側諸国の援助が停止され、対外債務も膨らんだ。それでもスカルノは民族の個性・偉大さの誇示の必要性を主張し、その象徴として進めてきた高層ホテル、デパートなどの近代的建築・施設、種々の記念像、独立広場の巨大独立記念塔などの建設に、わずかに続く日本などからの援助をそそぎ込んだ。それでいて、彼は「自分の足で立とう」と経済の自力更正を訴え、米の輸入もやめた。インフレに食糧難も加わり、都市住民を中心に生活不安が高まり、不満が鬱積していった。

同時に、共産党と反共勢力との対立が尖鋭化した。戒厳令解除により重しのとれた共産党は農民運動に力をいれ、一九六三年後半から農地改革法の即時実施を求め、地主・富農らの土地を実力で奪取する「一方的行動」を始めた。とくに中・東ジャワでは地主・富農層を支持基盤とするＮＵとその大衆組織などがこれに激しく抵抗し、イスラーム派と共産派との暴力的紛争が頻発した。

国軍内にも、スカルノが意識して陸軍と対抗させようとして肩入れした空軍など、スカルノ派、容共派が存在したが、その大勢は反共であった。共産党は一九六四年末、既存の陸・海・空・警察の四軍に加え、新たに労働者・農民などから成る第五軍の設立を求めた。名目は軍とともにマレーシア粉砕を遂行するためとされたが、真の目的は党が軍と対決できる武力を確保することにあった。こうした同党の攻勢は社会・文化のあらゆる面にわたり、西洋的退廃文化としてビートルズやツイスト・ダンスなどを排撃するまでにいたった。これは極端にいえば社会を容共か反共かに分極化させ、六五年初めには、政治的大変動を予感させるまで危機的雰囲気を高めた。

九月三十日事件

指導される民主主義体制は政権交代の制度をもたず、この二大勢力の彼のあとをめぐる対決は不可避であった。一九六五年八月四日スカルノは発作により昏倒したが、二週間後の独立記念日には元気な姿をみせ、ジャカルタ、プノンペン、北京《ペキン》、ハノイ、ピョンヤンの枢軸の存在意義を誇示し、第五軍設立を宣言した。だが、このスカルノの明白な共産圏への傾斜と急浮上した健康不安が、予感された大変動勃発を促す要因となった。

大変動は一九六五年十月一日未明の「九月三十日事件」で始まった。大統領親衛隊長ウントゥン中佐の率いる一隊がアフマッド・ヤニ陸軍参謀長ら陸軍最上位の将官六人を拉致・殺害し（標的の一人ナスティオンはかろうじて難を逃れた）、他部隊が大統領官邸、放送局などを占拠した。彼らは一日の朝「九月三十日運動」を名乗り、陸軍保守派の「将軍評議会」による反スカルノ・クーデタを防ぎ、「革命評議会」が全権を掌握するとの声明を発した。しかし、戦略予備軍司令官スハルトがこの運動を「反乱」と断じ、早急に鎮圧軍を組織して「反乱」部隊の行動を封じ、二日には反乱側が司令部をおいたハリム空軍基地も制圧した。中・東ジャワの諸都市では「反乱」を支持する共産党や軍の一部による街頭行動が展開されたが、これも二日には抑え込まれた。

▼枢軸の存在意義　スカルノはこの枢軸は反帝国主義的枢軸であり、その「形成はきわめて当然であり、歴史の流れそのものによって形成された」と述べた。

▼アフマッド・ヤニ（一九二二～六五）　軍人、中ジャワ出身。一九六二年に陸軍参謀長、陸軍大臣に就任。九月三十日事件の襲撃で射殺された。

▼六人の将官　当初の計画では目標は七人。その一人、ナスティオンは襲撃を受けたが、逃れることに成功した。しかしその襲撃で、彼の幼い娘が負傷し、まもなく死亡した。

この事件に関しては、事の推移の詳細は明らかであるが、その計画者、シナリオなど真相は資料があまりにも乏しく今なお不明である。ともかく、スカルノは一日朝に事件の一報を受けたあと、ハリム基地に向かった。なぜ反乱側の拠点に出向いたのか。身の危険に備えて飛行機で避難する準備だとのちに弁明したが、そこでオマル・ダニ空軍大臣▲ら反乱同調者と一緒になったことは確かであり、真意は不明である。彼はここから無事かつ健在で、国と革命の指導権を掌握しているむねの声明を発し、夜になってボゴールの大統領官邸に移った。そののちのスカルノの努力はもっぱら権力の維持に向けられた。事件をめぐる国内対立による勢力バランスの変化を最小限に抑えようと、共産党・反乱同調者に擁護的姿勢をとり、革命遂行のための団結を訴えた。

権力失墜

しかし、スカルノにより一九六五年十月三日に治安秩序回復作戦司令官に任ぜられたスハルトを頂点とする陸軍首脳は、この運動を共産党と軍内の一部同調者による政権奪取の試みと断定し、いっきょにその勢力の壊滅をはかった。

▼オマル・ダニ（一九二四〜二〇〇九）軍人、中ジャワ出身。熱烈なスカルノ支持者。空軍司令官、空軍大臣（在任一九六二〜六五）。一九六五年の九月三十日運動に加わった件で逮捕、入獄。九五年に釈放されたが、運動とのかかわりの詳細は不明。

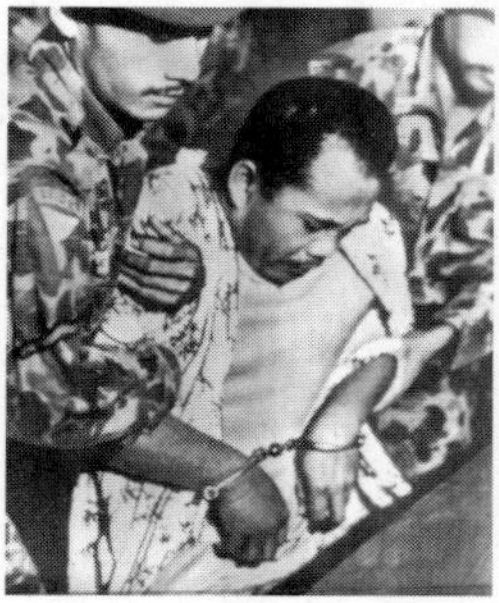

逮捕されたウントゥン中佐

▼**三月十一日命令書**　一九六六年三月十一日、閣議中の大統領官邸が所属不明の部隊に包囲され、スカルノはヘリコプターでボゴール宮殿へ避難した。陸軍大臣スハルトは事態収拾をはかるためと称して、腹心の将軍三人をボゴールへ急派した。彼らは、軍が治安秩序の維持と大統領の身の安全を守る任につくために、大統領権限をスハルトに委任することを求めた。スカルノはこの要求に屈し、大統領権限をスハルトに委譲するという「三月十一日命令書」に署名した。スハルトの失脚後、このスカルノの権力喪失を決定的にした命令書は軍の脅迫により作成されたもので、これをスハルトによる「静かなるクーデタ」とする見解が有力である。

すさまじい勢いで反共の嵐が全国を吹きまくった。六六年初めまでにジャワやバリなどで、アイディットを含め共産党員や支持者の約五十万人が、軍やかねて対立を深めていたイスラーム組織など反共勢力の凄惨なテロで殺害され、多くが逮捕・投獄された。これにより、公称三百万党員、支持者三千万人を誇った共産党は完全に力を失い、スカルノもその権力の重要な支えを奪われてしまった。

一九六六年初め頃から反共勢力はあくまでも共産党を擁護し続けるスカルノへの攻撃を強め、インドネシア学生行動戦線などの学生組織や大衆組織が連日の激しい街頭行動を展開し、反スカルノの世論をあおった。スハルトらはスカルノからの権力奪取をねらい、彼らの行動を助け、自らも陰に陽に圧力をかけてスカルノに譲歩を迫った。スカルノは非共産派の支持勢力を結集して対抗したが抗しきれず、三月十一日、大統領の行政権限をスハルトに委譲させられた。▲スカルノ政権の事実上の終焉である。スハルトはただちに共産党と関係団体を禁止し、閣僚らの逮捕や政・官と軍内から人事操作によりその勢力を一掃した。六七年三月、暫定国民協議会はスカルノの全権を剝奪しスハルトを大統領代行

大統領に選任されるスハルト（一九六八年三月）

スカルノの国葬（一九七〇年六月二十三日）

に、翌年三月に第二代インドネシア共和国大統領に選任した。スハルトはスカルノの「革命」にかえて「開発」を国策にすえ、マレーシア対決の放棄、国連復帰、西側諸国との関係修復と対中国断交など内外政策を一八〇度転換した。

スカルノはジャカルタの大統領宮殿を退去させられボゴール宮殿に移るが、そこも半年ほどで追われ、その後はデヴィのいないヤソオ宮殿でハルティニとともに過ごした。この間、彼は自宅軟禁下におかれ、持病の腎臓病が徐々に悪化し、一九七〇年六月二十一日に六九歳でその波乱の生涯を閉じた。その棺《ひつぎ》はジャカルタから空路マランへ、そこから自動車でブリタルの墓地へ運ばれた。その沿道には彼を見送る数百万人が押し寄せ、その進行がかなり遅れるほどの混雑になった。

人民に自己を同一化し、人民（大衆）の代弁者として権力をふるったスカルノは、最後はその人民の支持を失い権力を失った。人民大衆との断絶をもっとも恐れていたにもかかわらず、最終的にはそれを強制され、孤独のうちになくなったスカルノの霊にとって、このあふれんばかりの人民大衆の見送りは、せめてものなぐさめになったのではなかろうか。

スカルノとその時代

西暦	年齢	おもな事項
1901	0	*6-6* スラバヤに生まれる
1916	15	スラバヤの高等学校へ進学，チョクロアミノトの家に下宿
1920/21	19/20	チョクロアミノトの娘ウタリと結婚
1921	20	*6-* バンドン工科大学へ入学。*8-* 休学
1922	21	*6-* 同大学へ復学。*12-* ウタリと離婚
1923	21	*3-* インギットと結婚
1926	24/5	*5-* バンドン工科大学卒業。*10-* 論文「民族主義，イスラーム主義，マルクス主義」を発表。*11-* 西ジャワのバンテンなどで共産党蜂起
1927	25/6	*1-* 西スマトラで共産党蜂起。*7-4* インドネシア国民同盟を結成。*12-17* インドネシア民族政治団体協議会を設立
1928	26/7	*5-* 国民同盟，インドネシア国民党に改称。*10-28*「青年の誓い」
1929	28	*12-29* スカルノら国民党幹部逮捕
1930	29	*8-* スカルノらの裁判開始。*12-1* ～ *2* スカルノ法廷弁論『インドネシアは告発する』を展開。*12-22* スカルノに懲役四年の判決
1931	29/30	*4-* サルトノら国民党解散，パルティンド結成。*12-31* スカルノ釈放
1932	31	*9-* パルティンド入党，党首
1933	32	*8-1* スカルノ，ふたたび逮捕
1934	32	*2-17* スカルノ一家，エンデへ出発。*2-25* ハッタ，シャフリル逮捕
1938	36	*2-* スカルノ一家，ブンクルへ移動
1942	40/1	*3-9* 日本軍ジャワ占領。*7-9* スカルノ，日本軍の協力要請でジャワ帰還
1943	41/2	*3-9* プートラ結成。—インギットと離婚。*8-22* ファトマワティと結婚
1944	43	*9-7* 小磯首相，東インドの将来の独立を認めると表明
1945	43/4	*6-1* スカルノ，独立準備調査会でパンチャシラを提唱。*8-16* レンガスデンクロック事件。*8-17* インドネシア共和国独立宣言
1946	45	*11-15* リンガルジャティ協定
1948	46/7	*1-17* レンヴィル協定。*9-18* ～ *10末* マディウン事件。*12-19* オランダ第二次軍事侵攻（警察行動）開始，スカルノ，ハッタら共和国首脳を逮捕
1949	48	*7-* スカルノら釈放。*12-27* オランダ，インドネシア連邦共和国に主権委譲
1950	49	*8-17* 単一インドネシア共和国発足。*9-28* 国連加盟
1953	52	スカルノ，ハルティニと結婚（第二夫人）
1955	53/4	*4-18* ～ *24* アジア・アフリカ会議。*9-29* 第1回総選挙
1956	55	*12-1* ハッタ，副大統領辞任。*12-20* 外島で地方師団が反乱
1957	55	*3-2* 東インドネシアで反乱発生。*3-14* スカルノ，戒厳令布告
1958	56	*2-15* インドネシア共和国革命政府樹立
1959	58	*7-5* スカルノ，1945年憲法復帰を布告
1961	60	*12-26* 西イリアン解放最高作戦司令部設置
1962	61	スカルノ，デヴィと結婚（第三夫人）。*8-15* 西イリアン協定調印
1963	61/2	*5-1* 国連から西イリアンの施政権移管。*9-* マレーシア対決開始
1965	63/4	*1-7* 国連脱退。*10-1* 9月30日事件
1966	64	*3-11* スカルノ大統領，政治上の権限をスハルトに委譲
1967	65	*3-12* スカルノ，大統領の全権を剝奪される。スハルト大統領代行就任
1970	69	*6-21* スカルノ死去

参考文献

アダムス，シンディ(黒田春海訳)『スカルノ自伝』角川書店，1969年
アブドゥラ，タウフィック編(渋沢雅英・土屋健治訳)『真実のインドネシア』サイマル出版会，1979年
倉沢愛子『日本占領下のジャワ農村の変容』草思社，1992年
倉沢愛子『戦後日本＝インドネシア関係史』草思社，2011年
後藤乾一『日本占領期インドネシア研究』龍渓書舎，1989年
後藤乾一，山崎功『スカルノ――インドネシア「建国の父」と日本』(歴史文化ライブラリー117)吉川弘文館，2001年
白石隆『スカルノとスハルト』(現代アジアの肖像11)岩波書店，1997年
スカルノ(岡倉古志郎訳)『わが革命の再発見』理論社，1962年
スバルジョ，アフマッド(奥源造編訳)『インドネシアの独立と革命』龍渓書舎，1973年
スマントリ，イワ・クスマ(後藤乾一訳)『インドネシア民族主義の源流――イワ・クスマ・スマントリ自伝』早稲田大学出版部，1975年
土屋健治『インドネシア――思想の系譜』勁草書房，1994年(なお，土屋には多くのスカルノ研究の論文があり，あわせ読むことが望まれる)
永井重信『インドネシア現代政治史』勁草書房，1986年
永積昭『インドネシア民族意識の形成』(歴史学選書2)東京大学出版会，1980年
日本インドネシア協会編訳『インドネシア革命の歩み――スカルノ大統領演説集』日本インドネシア協会，1965年
日本国際問題研究所編『インドネシア資料集』(上1945～59年，下1959～67年)日本国際問題研究所，1972, 73年
ハッタ，モハマッド(大谷正彦訳)『ハッタ回想録』めこん，1993年
増田与『インドネシア現代史』中央公論社，1971年
マラカ，タン(押川典昭訳)『牢獄から牢獄へ』(Ⅰ，Ⅱ)鹿砦社，1979, 81年
マリク，アダム(尾村敬二訳)『共和国に仕える――インドネシア副大統領アダム・マリク回想録』秀英書房，1981年
リーファー，マイケル(首藤もと子訳)『インドネシアの外交』勁草書房，1985年
Abdullah, T., *Indonesia: Towards Democracy*, Singapore, 2009.
Adams, C., *Sukarno: An Autobiography as Told to Cindy Adams*, Indianapolis, 1965.
Dahm, B., *Sukarno and the Struggle for Indonesian Independence*, Ithaca, 1969.
Elson, R. E., *The Idea of Indonesia: A History*, Cambridge, 2008.
Hering, B., *Soekarno Founding Father of Indonesia, 1901-1945,* Leiden, 2002.
Ingleson, J., *Road to Exile: The Indonesian Nationalist Movement, 1927-34*, Singapore, 1979.
Kahin, G. M., *Nationalism and Revolution in Indonesia*, Ithaca, 1952.
Legge, J. D., *Sukarno: A Political Biography*, London, 1972.
Mrazek, R., *Sjahrir: Politics and Exile in Indonesia*, Ithaca, 1994.
Paget, R. ed., *Indonesia Accuses! Sukarno's Defence Oration in the Political Trial of 1930*, London, 1975.
Penders, C. L. M., *The Life and Times of Sukarno*, London, 1974.
Sukarno, *Dibawah Bendera Revolusi, 2vols.*, Jakarta, 1965.

図版出典一覧

Adams, C., *Bung Karno: Penjambung Lidah Rakjat Indonesia*, Djakarta, 1966. *63* 下

Bernhard D., *Soekarno en de strijd om Indonesie's onafhankelijkheid*, Meppel, 1964. *13* 上

Blumberger, J. Th. P., *De communistische beweging in Nederlandsch-Indie*, Haarlem, 1928. *17* 上, *17* 下

Blumberger, J. Th. P., *De nationalistische beweging in Nederlandsch-Indie*, Leiden, 1987. *15, 22, 27* 中, *27* 下, *33* 中

Diessen, J. R. van, *Soerabaja 1900-1950*, Zierikzee, 2004. *10*

Elson, R. E., *The Idea of Indonesia: A History*, Cambridge, 2008. *3, 63* 中, *80, 82* 右, *83, 90*

Hering, B., *Soekarno, Founding Father of Indonesia, 1901-1945*, Leiden, 2002. *13* 左下, *48, 54, 61, 65*

Hering, B., *SOEKARNO Architect van een natie 1901-1970*, Leiden, 2001. カバー裏, *14* 右, *14* 左, *18* 右, *18* 左, *19, 20, 27* 上, *33* 上, *34, 35, 37, 40, 74, 82* 左, *84, 85, 89, 94, 100, 107* 左

Herkusumo, A. P., *Chūō Sangi-in*, Jakarta, nd. *56*

Leslie P., *Indonesia*, London, 1965. *70*

Meyer, D. H., *Japan wint den Oorlog!!*, Maastricht, nd. *50*

Miert, H. van, *Een koelhoofd en een warm hart*, Leiden, 1995. *8*

Poeze, H. A., *Verguisd en Vergeten*, dl. 1, Leiden, 2007. *71, 88*

Poeze, H. A., *Verguisd en Vergeten*, dl. 2, Leiden, 2007. *69, 72*

Parera, F. M., *Bung Tomo*, Jakarta, 1982. *66*

Ricklefs, M. C., *Polarising Javanese Society*, Leiden, 2007. *9*

Samawi, *Negaraku: Sepuluh tahun revolusi Indonesia dalam lukisan*, Jogja, 1955. *67*

Stevens, H., *Bitter Spice: Indonesia and the Netherlands from 1600*, Nijmegen, 2015. *99*

Suseno, H., *Bung Karno: The Founding Father*, Yogyakarta, 2015. *33* 下, *38*

Team Penyusun Bahtera Jaya, *Album 97 Pahlawan Nasional dan Sejarah Perjuangannya*, Jakarta, 1995. *13* 右下

Verhoog, A., *Onze laatste oorlog*, Utrecht, 1982. *63* 上, *75, 76*

Zwaan, J., *Nederlands-Indie 1940-1946 I*, Den Haag, nd. *44*

Zwaan, J., *Nederlands-Indie 1940-1946 II*, Den Haag, nd. *45, 47, 52, 53, 55*

時事通信フォト提供 *107* 右

深見純生氏提供 *2*

ユニフォトプレス提供 カバー表, 扉, *105*

鈴木恒之（すずき　つねゆき）
1944年生まれ
東京大学大学院人文科学研究科博士課程満期退学
専攻，インドネシア史
現在，東京女子大学名誉教授

主要著書・訳書

『世界現代史5　東南アジア現代史Ⅰ――総説・インドネシア』（共著，山川出版社，1977年）
池端雪浦編『新版世界各国史6　東南アジア史Ⅱ――島嶼部』（共著，山川出版社，1999年）
インドネシア共和国教育文化省編『世界の教科書＝歴史　インドネシア』（共編訳，ほるぷ出版，1982年）

世界史リブレット人㉜

スカルノ
インドネシアの民族形成《みんぞくけいせい》と国家建設《こっかけんせつ》

2019年4月15日　1版1刷印刷
2019年4月25日　1版1刷発行

著者：鈴木恒之《すずきつねゆき》
発行者：野澤伸平
装幀者：菊地信義
発行所：株式会社 山川出版社
〒101-0047　東京都千代田区内神田1-13-13
電話　03-3293-8131（営業）8134（編集）
https://www.yamakawa.co.jp/
振替 00120-9-43993
印刷所：株式会社 プロスト
製本所：株式会社 ブロケード
 ISBN978-4-634-35092-2

世界史リブレット 人

1 ハンムラビ王――中田一郎
2 ラメセス2世――高宮いづみ・河合 望
3 ネブカドネザル2世――山田重郎
4 ペリクレス――前沢伸行
5 アレクサンドロス大王――澤田典子
6 古代ギリシアの思想家たち――髙畠純夫
7 カエサル――毛利 晶
8 ユリアヌス――南川高志
9 ユスティニアヌス大帝――大月康弘
10 孔子――高木智見
11 商鞅――太田幸男
12 武帝――冨田健之
13 光武帝――小嶋茂稔
14 冒頓単于――澤田 勲
15 曹操――石井 仁
16 孝文帝――佐川英治
17 柳宗元――戸崎哲彦
18 安禄山――森部 豊
19 アリー――森本一夫
20 マンスール――高野太輔
21 アブド・アッラフマーン1世――佐藤健太郎
22 ニザーム・アルムルク――井谷鋼造
23 ラシード・アッディーン――渡部良子
24 サラディン――松田俊道
25 ガザーリー――青柳かおる
26 イブン・ハルドゥーン――吉村武典
27 レオ・アフリカヌス――堀井 優
28 イブン・ジュバイルとイブン・バットゥータ――家島彦一
29 カール大帝――佐藤彰一
30 ノルマンディー公ウィリアム――有光秀行
31 ウルバヌス2世と十字軍――池谷文夫
32 ジャンヌ・ダルクと百年戦争――加藤 玄
33 王安石――小林義廣
34 クビライ・カン――堤 一昭
35 マルコ・ポーロ――海老沢哲雄
36 ティムール――久保一之
37 李成桂――桑野栄治
38 永楽帝――荷見守義
39 アルタン――井上 治
40 ホンタイジ――楠木賢道
41 李自成――佐藤文俊
42 鄭成功――奈良修一
43 康熙帝――岸本美緒
44 スレイマン1世――林佳世子
45 アッバース1世――前田弘毅
46 バーブル――間野英二
47 大航海の人々――合田昌史
48 コルテスとピサロ――安村直己
49 マキャヴェッリ――北田葉子
50 ルター――森田安一
51 エリザベス女王――青木道彦
52 フェリペ2世――立石博高
53 クロムウェル――小泉 徹
54 ルイ14世とリシュリュー――林田伸一
55 フリードリヒ大王――屋敷二郎
56 マリア・テレジアとヨーゼフ2世――稲野 強
57 ピョートル大帝――土肥恒之
58 コシューシコ――小山 哲
59 ワットとスティーヴンソン――大野 誠
60 ワシントン――中野勝朗
61 ロベスピエール――松浦義弘
62 ナポレオン――上垣 豊
63 ヴィクトリア女王、ディズレーリ、グラッドストン――勝田俊輔
64 ガリバルディ――北村暁夫
65 ビスマルク――大内宏一
66 リンカン――岡山 裕
67 ムハンマド・アリー――加藤 博
68 ラッフルズ――坪井祐司
69 チュラロンコン――小泉順子
70 魏源と林則徐――大谷敏夫
71 曾国藩――清水 稔
72 金玉均――原田 環
73 レーニン――和田春樹
74 ウィルソン――長沼秀世
75 ビリャとサパタ――国本伊代
76 西太后――深澤秀男
77 梁啓超――高柳信夫
78 袁世凱――田中比呂志
79 宋慶齢――石川照子
80 近代中央アジアの群像――小松久男
81 ファン・ボイ・チャウ――今井昭夫
82 ホセ・リサール――池端雪浦
83 アフガーニー――小杉 泰
84 ムハンマド・アブドゥフ――松本 弘
85 イブン・アブドゥル・ワッハーブとイブン・サウード――保坂修司
86 ケマル・アタテュルク――設樂國廣
87 ローザ・ルクセンブルク――姫岡とし子
88 ムッソリーニ――高橋 進
89 スターリン――中嶋 毅
90 陳独秀――長堀祐造
91 ガンディー――井坂理穂
92 スカルノ――鈴木恒之
93 フランクリン・ローズヴェルト――久保文明
94 汪兆銘――劉 傑
95 ヒトラー――木村靖二
96 ド・ゴール――渡辺和行
97 チャーチル――木畑洋一
98 ナセル――池田美佐子
99 ンクルマ――砂野幸稔
100 ホメイニー――富田健次

〈シロヌキ数字は既刊〉